Shouyin Shiwu

收银实务

第四版

高红 隋桂秀 主编 | 陈露璐 黄子芳 副主编

岗课赛证融通教材

中等职业教育项目课程改革“十二五”系列教材

会计专业

东北财经大学出版社
Dongbei University of Finance & Economics Press
大连

图书在版编目（CIP）数据

收银实务 / 高红，隋桂秀主编．—4版．—大连：东北财经大学出版社，2022.7

（中等职业教育项目课程改革“十二五”系列教材·会计专业）

ISBN 978-7-5654-4551-4

Ⅰ．收…　Ⅱ．①高…②隋…　Ⅲ．商业服务-中等专业学校-教材　Ⅳ．F719.0

中国版本图书馆CIP数据核字（2022）第095618号

东北财经大学出版社出版

（大连市黑石礁尖山街217号　邮政编码　116025）

网　　址：http://www.dufep.cn

读者信箱：dufep@dufe.edu.cn

大连市东晟印刷有限公司印刷　东北财经大学出版社发行

幅面尺寸：185mm×260mm　字数：251千字　印张：12.25

2022年7月第4版　2022年7月第1次印刷

责任编辑：郭海雷　责任校对：张晓鹏

封面设计：冀贵收　版式设计：钟福建

定价：32.00元

教学支持　售后服务　联系电话：（0411）84710309

如有印装质量问题，请联系营销部：（0411）84710711

第四版前言

《国家职业教育改革实施方案》提出，“优化教育结构，把发展中等职业教育作为普及高中阶段教育和建设中国特色职业教育体系的重要基础……支持技术技能人才凭技能提升待遇，鼓励企业职务职级晋升和工资分配向关键岗位、生产一线岗位和紧缺急需的高层次、高技能人才倾斜”。收银员，是随着现代零售业的繁荣发展和现代化收银手段的应用而逐步发展和独立出来的一个新的职业。作为会计工作的基础岗位和出纳工作的延伸，它成为近年来职业院校学生的就业新渠道。一名合格的收银员，必须清楚地了解自己职业的基本情况，掌握收银的基本知识和技能，这样才能更好地为顾客服务。

《职业教育提质培优行动计划（2020—2023年）》指出，“落实全员全过程全方位育人，引导职业学校全面统筹各领域、各环节、各方面的育人资源和育人力量，教育引导青年学生增强爱党爱国意识，听党话、跟党走”。为了打破传统教学模式的束缚，更好地适应中等职业学校教育教学改革，我们参照教育部2014年颁布的《中等职业学校专业教学标准（试行）财经商贸类（第一辑）》在本教材第三版的基础上进行了修订，以国家收银员职业技能标准为参考，摒弃“繁、难、偏、旧”的内容，突出实用性，方便学生参加职业技能鉴定。与收银岗位紧密联系，注重学生“劳模精神”“工匠精神”的培育，强化学生自觉践行爱国、敬业、诚信、友善的价值观念。本教材除简要介绍了收银员应具备的职业道德，应掌握的接待服务、心算等相关知识外，突出了点钞、真假钞鉴别、收银机操作、票据填写、计算器使用等动手能力的训练，规范了实践操作，旨在提高学生的实际操作能力，满足企业的需要。

本教材由八个项目组成，全面地介绍了收银员应具备的各项技能，既适用于各中等职业院校财经类专业的实训教学，也可供各类商超、门店在培训时使用。教材中穿插了较多图片及表格，便于教师的教学及学生的学习。在教学方式上，突出了对学生岗位能力的培养，致力于“做中学、做中教”。为了检验学生的学习效果，每个项目后都附有大量的练习及综合实训，充分体现了中等职业学校财经类专业实训课程的特点。

本教材由云南省昆明幼儿师范高等专科学校高红老师、隋桂秀老师担任主编，本次修订工作由陈露璐、黄子芳老师负责完成。在编写、修订过程中，得到了学校领导的大力支持以及东北财经大学出版社的帮助，在此表示衷心感谢。由于编者水平有限，书中难免存在不足之处，请广大读者谅解并提出宝贵意见，我们将不断修订和完善。

编　者

2022年5月

目 录

项目一

职业道德规范

学习目标

知识目标

1. 了解职业道德的含义及特征；
2. 明确收银员职业道德规范的基本要求；
3. 提高收银员职业道德意识，加强职业道德修养。

技能目标

1. 正确认识职业能力与职业道德的关系，严格遵守职业道德规范；
2. 德技并修，不断加强和提高自身职业道德意识和修养。

引导案例

2018年5月10日，某商场财务部收到信息反馈，反映平时能遵守工作纪律、业务熟练的收银员王丽丽5月1日至10日期间在收银工作中出现了不良情况：(1) 该商场在“五一”期间推出系列促销活动，凡持有尾数为“51”的电脑购物小票的消费者，除可直接领取约100元的礼品外，还可以参加现场抽奖，奖品是价值约3 000元的彩色电视机一台。5月1日下午3时40分，一个女孩插队结账获取了尾数为“51”的电脑小票，引起排队购物者强烈不满，该女孩领取了礼品后与王丽丽打个招呼离去。(2) 5月8日，王丽丽出现短款120元的情况，财务部下达了“短款通知单”，经将收银流水账与监控录像逐一核对，还发现她未将5月6日销售的部分商品录入电脑，而是直接收取顾客小额现金，故意造成长款65元，并将长款据为己有。

经反复核实及盘问，王丽丽承认：领取尾数“51”礼品的女孩是其朋友；5月6日、8日的长短款事件是有意而为。单位认定其行为已构成利用工作之便侵占财物和内部盗窃罪，由于数额不大且事后其认错态度较好，遂责令其退赔钱物，并将其从单位除名。

案例点评：

收银员不仅要有熟练的业务技能，更重要的是要严格遵守职业道德。是自己的就是自己的，不是自己的切莫贪财。贪小便宜不但会给企业带来损失，影响企业形象，自己也会走上违法犯罪之路。

1.1 职业道德的含义及特征

1.1.1 职业道德的含义

职业道德是一定职业范围内的特殊道德要求，指具有自身职业特征的道德准则和规范。它是一般社会道德在职业生活中的具体体现，是从业人员在职业活动中应遵循的行为准则。具体来说，职业道德就是整个社会对从业人员的职业意识和态度、职业技能和能力、职业作风和行为等方面的行为标准和要求，它属于一种自律范畴。

不同职业岗位的行为准则要求不尽一致，有一种行业，就有其相应的一种职业道德，有多少种行业，就有多少种职业道德。同时，职业道德和职业责任又是密不可分的，如教师的职业道德是教书育人，为人师表；医生的职业道德是救死扶伤，治病救人；警察的职业道德是不惜牺牲个人保护国家利益和人民群众的生命财产安全等。归根到底，任何职业岗位及从业人员最终都要全心全意为人民服务，这是我们社会主义职业道德的核心。

所以，职业道德既是从业人员在职业实践中的行为规范，也是行业对社会所必须承担的道德责任和义务。

职业道德的含义包括以下几个方面：

（1）职业道德是长期社会发展中自然形成的，是社会普遍认可的一种职业意识和行为规范。

（2）职业道德的表现形式往往比较具体、灵活、多样，通常体现为观念、习惯、信念等，要求标准呈现多元化。

（3）职业道德的主要内容是针对从业人员的职业义务、责任以及行为上的一种道德准则的要求。

（4）职业道德可调节社会生活中人与人之间的关系，既可调节自身，又可调节从业人员之间的内部关系以及从业人员与其服务对象之间的关系。

（5）职业道德虽有较强的纪律性，但大多没有实质的约束力和强制力，一般依靠文化、信念和习惯，通过员工的自律实现。职业道德代表着不同企业可能具有不同的价值观念，承载着企业文化和凝聚力，影响深远。

1.1.2 职业道德的特征

职业道德的主要特征表现为以下几个方面：

1）职业性

职业性即专业性，是指职业道德与从业人员所从事的行业和岗位的实践有着密不可分的联系，是其特定的职业活动对从业人员实践行为的准则要求。每个行业都有其自身的职业道德规范，该规范只能在特定的范围内发挥作用。

2）实践性

实践性是指每一个行业的职业道德规范是用来调节内部人员行为规范及与外部服务对象之间的沟通和交流，只有通过实践才能体现其职业道德水准，解决现实生活中的具体道德冲突。

3）继承性

继承性是指各行业职业道德规范是在长期社会实践中自然形成的，并被不同社会发展阶段传承和延续下来。

4）多样性

多样性是指各个行业的实践活动对职业道德规范的要求不尽相同，每一个行业根据自身的实际情况制定适合其行业特点的从业人员及岗位职业道德规范。

5）规范性

规范性也可理解为纪律性，虽然相同的职业岗位可能分布在不同行业，但其承担的社会责任和义务是一致的，对其职业道德水准的要求也必须具有一致性和规范性，例如对各行业会计或行政执法收费岗位职责的一致性要求。

1.2 收银员职业道德规范

1.2.1 职业道德的基本规范和要求

职业道德的基本规范和要求，是对整个社会从业人员不论从事何种岗位，规定其职业意识和职业行为所必须遵守的道德规范。

职业道德的基本规范和要求主要包括五个方面：

1）爱岗敬业

爱岗敬业是职业道德的基础，它是指从业人员热爱自己的本职工作，尊重自己所从事职业的道德操守。爱岗是敬业的前提，敬业是爱岗的具体体现，表现为从业人员勤勤恳恳、尽职尽责、努力奋斗的职业行为。只有敬业才能忠于职守，爱岗才能热爱本职工作，若从业人员不认同和热爱自己的职业，就不可能真正做到爱岗敬业。

2）诚实守信

诚实守信是职业态度的起码要求，诚实守信不仅是做人的准则，也是对从业人员的道德要求，即从业人员在职业活动中必须诚实劳动、合法经营、守信用、讲信誉。在职业生活中，只有诚实劳动和不断创新的人，才能实现崇高的职业理想和人生价值。

3）办事公道

办事公道，就是要求从业人员在职业实践中做到公平、公正、公道，即对人对事出以公心，办事合情、合理、合法，平等待人，不能心存私念，杜绝以权谋私、以岗谋私、假公济私、损公肥私、化公为私的行为，不搞小圈子，不结党营私。团结大多数劳动群众，维护绝大多数人民群众的利益。

4）服务群众

服务群众，就是在职业实践中一切从群众的利益出发，急群众之所急，想群众之所想，为群众办事，倡导便民、利民、惠民政策，使群众得到更多的利益和实惠，为人民群众提供优质的服务。这是职业道德的目标指向和最终归宿。

5）奉献社会

奉献社会是职业道德中的最高境界，就是要求从业人员在工作岗位上明确对社会、对他人做出奉献的责任与义务。从事任何职业都要正确树立奉献社会的职业理想，不计得失，甚至为正义、为真理献出自己的生命。

1.2.2 收银员应具备的职业道德

要想成为一名合格的收银员，一方面要加强职业道德教育，提升思想境界，树立正确的人生观、道德观、价值观；另一方面要加强职业行为的规范，做到爱岗敬业、诚实守信、办事公道、服务群众、奉献社会，从而树立良好的社会形象。收银员岗位遍布各个行业，应根据各行业对此工作职责和义务要求，提出与行业岗位特点相适应的基本职业道德要求。

1）热爱本职，诚实守信

热爱本职是收银员爱岗敬业的基本前提和要求，只有热爱本职，才能做到认真负责、扎实工作，对待工作精益求精；只有诚实守信，才能讲信誉，信守承诺，保守商业机密，忠实于自己承担的责任，履行自己承担的义务。

2）廉洁自律，不牟私利

廉洁自律是收银员的立业之本，收银工作天天要与“钱”“物”打交道，有廉洁奉公的品质和良好的职业道德，才会经得起金钱的诱惑，否则将可能走上犯罪的道路。因此，收银员必须以廉洁奉公、不牟私利作为自己的行为准则，要坚守自己的道德底线，敢于同各种损公肥私的不良行为和不正之风做斗争，自觉遵守国家的法律法规和企业的各种规章制度。

3）认真负责，耐心服务

认真负责、耐心服务是收银员职业道德规范的客观要求。随着社会经济的不断发展，收银工作的服务功能也日益受到人们的普遍关注，要树立“没有不对的顾客，只有不对的服务”意识，努力提高服务水平、服务质量和服务效率。只有这样，才能为改善单位内部管理，提高经济效益起到积极作用，也才能真正地做到全心全意为人民服务。

4）客观公正，无私奉献

收银员必须要有实事求是、客观公正的职业品质和任劳任怨、无私奉献的职业精神，踏实工作，不夸大项目和额度，不弄虚作假，不利用工作之便贪污、受贿、牟取私利。

5）努力学习，提高技能

收银员要努力学习，不断丰富岗位技术知识，勤于操作练习，用过硬的业务技能将优质服务变成行动，在实际工作中用科学的态度发现新问题，解决新问题。

6）团结协作，保护财产

收银员应与同行、同事、领导建立团结协作、互帮互学、友爱互助的良好职业关系，要敢于同不法分子作斗争，保护钱、财、物的安全与完整。

总之，收银员要端正工作态度，自觉遵守单位的各项规章制度和岗位的纪律要求，做到严于律己、认真负责、遵守法纪，维护单位与顾客的正当利益，维护单位信誉；做到具备良好的思想道德品质和较强的责任心，禁止监守自盗的行为；做到积极向同行、同事请教和学习，提高服务质量和办事效率；做到举止文明、热情服务、礼貌待人。

1.3 收银员职业道德修养

1.3.1 收银员职业道德修养的含义

收银员职业道德修养是指收银员在从事收银活动中按照其职业道德的基本原则和规范来改造自己、教育自己、锻炼自己、完善自己的道德品质，以培养自己形成良好的职业道德品质，提高自己道德境界的一种道德实践活动，以及在此实践活动中所形成的道德情操和达到的道德境界。

1.3.2 收银员职业道德修养的内容

收银员职业道德修养的内容主要包括职业道德意识的修养、职业道德认识的修养、职业道德情感的修养、职业道德意志的修养和职业道德行为的修养。

1）职业道德意识的修养

职业道德意识的修养是收银员在思想意识上一种自我的斗争，是善恶、正邪、是非两种对立的道德意识之间的决斗。只有在思想意识上自己战胜自己，用善战胜恶、正战胜邪、是战胜非，树立为公、为他的正确的道德观，才能不断提高自己的职业道德水平。

2）职业道德认识的修养

职业道德认识的修养是指收银员正确认识职业道德关系，充分认识职业道德价值，认真准确掌握职业道德理论、原则和规范等基本知识，逐步形成良好的职业道德观念，努力提高职业道德自我评价能力和职业道德行为选择能力。

3）职业道德情感的修养

职业道德情感是收银员在职业活动中的内心情绪体验，它依据职业道德观念，在处理职业道德关系、评价职业道德行为时产生和确立起来，包括职业正义感、职业责任感、职业良心感、职业荣誉感。

因而，职业道德情感的修养是收银员进行职业道德修养的重要内容。加强职业道德情感的修养，对于协调职业道德关系，自觉遵守职业道德规范，履行职业道德义务，养成高尚的职业道德品质，都具有非常重要的意义。

4）职业道德意志的修养

职业道德意志的修养是指收银员应自觉地、勇敢地接受各种困难的挑战，学会在职业道德行为实践中经受各种锻炼和考验，不断磨练自己，自觉培养为他人和社会奉献的精神，要有信心、有决心用坚强意志和能力克服一切困难、战胜一切困难。

5）职业道德行为的修养

职业道德行为的修养，是指收银员要有正确的职业道德认识、高尚的职业道德情感、坚强的职业道德意志，才能养成良好的职业道德行为。职业道德行为的修养又必须与职业技能的培养紧密结合，只有具备良好的职业技能，职业道德行为才会得到发挥和体现。

1.3.3 加强收银员职业道德修养的主要途径

1）勤于学习

勤于学习是提高收银员职业道德修养的基本途径。一是加强政治学习，收银员职业道德是社会主义道德原则和规范在收银工作中的具体表现。努力学习，提高思想觉悟，这是做好收银工作的前提。二是加强收银员道德理论的学习，增强收银员职业道德修养的自觉性，主动调整自己的行为。三是加强专业知识的学习。收银员不仅要有崇高的职业道德操守，而且要有收银的业务知识和技能，要使自己学有目标，学习先进，赶超先进，争取先进。

2）勤于实践

勤于实践是提高收银员职业道德修养的根本途径。只有经过实践锻炼，才能真正懂得收银员道德规范和道德品质的要求，才能真正培养树立收银员的道德情操，形成道德行为和习惯，才能不断提高自己的职业素质，更好地完成收银工作。

3）勤于监督

勤于监督是不断提高收银员职业道德修养的有力保障。收银员要时刻自觉、自省，按照岗位职业道德规范严格要求自己。企业要建立健全相应的规章制度，强化多层次的道德监督机制，把收银员职业道德行为置于内外多层次的监督之下，进而规范其职业行为。

1.3.4 加强收银员职业道德修养的重要性

党的十九大报告提出“建设知识型、技能型、创新型劳动者大军，弘扬劳模精神和工匠精神，营造劳动光荣的社会风尚和精益求精的敬业风气”。所谓工匠精神，就是一种职业精神，也是职业道德和能力的体现。收银员职业道德是一种职业价值取向和行为表现。加强收银员爱岗敬业、诚实守信、办事公道、服务群众、奉献社会的职业道德建设是社会主义精神文明建设的需要，也是收银员提高自身职业道德的需要。提高收银员工作责任心，增强收银员职业荣誉感，并把收银员职业道德规范转化为内心信念和良好的职业行为习惯，必将有力促进职业道德和社会道德的建设。

知识回顾

一、单项选择题

1.职业道德的基本规范和要求有（　　）、诚实守信、办事公道、服务群众、奉献社会。

A.热爱本职　　B.爱岗敬业　　C.忠于职守　　D.履行职责

2.收银员职业道德是一种（　　）。

A.社会范畴　　B.企业文化　　C.自律范畴　　D.职业规范

3.廉洁自律是收银员（　　）。

A.职业道德的规范要求　　B.爱岗敬业的基本前提

C.立业之本　　D.职业道德的条件

4.职业道德情感的修养主要包括职业正义感、职业责任感、职业良心感和（　　）。

A.职业荣誉感　　B.职业信念感　　C.职业意识感　　D.职业优越感

二、判断题

1. 收银员职业道德的规范性也可理解为纪律性。（　　）

2. 职业道德意识的修养是收银员在思想意识上战胜一切不良行为的斗争。（　　）

3. 收银员职业道德修养是一种道德实践活动。（　　）

4. 勤于实践是提高收银员职业道德修养的有力保障。（　　）

三、简答题

1. 什么是职业道德？职业道德的特征有哪些？

2. 收银员职业道德应具备的素养和要求主要有哪些内容？

四、论述题

试论收银员职业道德修养及加强道德修养的途径。

项目二

收银服务规范

学习目标

知识目标

1. 了解收银的含义及对收银员的基本素质要求；
2. 掌握收银员的工作范围及收银员的工作程序；
3. 掌握接待服务的特点、内容和服务规范。

技能目标

1. 熟练掌握收银员的工作程序；
2. 熟练掌握收银员的问候礼仪、交谈礼仪、服务礼仪和服务规范；
3. 熟练掌握收银员的站姿礼仪、坐姿礼仪和行走礼仪。

引导案例

2018年5月1日上午，某购物广场里客流如潮。一位顾客推着一车商品，在收银台前排队结账。当商品条码扫描进行到一半时，收银台前来了两位佩戴红色工牌的商品部门管理员，只见这两位管理员与收银员说了几句什么，收银员立即放下了手中待扫描的商品，跟那两个员工核对起来。顾客只好耐心等待。然而5分钟过去了，他们3个人的核对仍然没有结束，顾客没说什么。10分钟过去了，核对仍然没有结束，顾客与他的家人无奈地交换着表情。15分钟过去了，顾客实在忍无可忍发了火："你们有完没完，能不能把我的东西算完账再说?"顾客边说边向其他等待结账的顾客说："连个招呼都不打，就把我们晾到一边去了。"其他顾客连连点头表示赞同。3个人这才结束了核对，收银员又继续开始工作，自始至终，没有人对该顾客说一句"对不起"，顾客很不满意地离开了。

案例点评：

1.在顾客结账过程中，为了确保结算的准确及高效，任何人不得随意打扰收银员的正常工作，特别是在购物高峰时。

2.作为收银员，不得在为顾客结算到一半时转身去做其他的事，应该确保收银工作万无一失。

3.即使有意外紧急事情需要处理，收银员也应提前跟顾客打招呼并征得顾客同意后方可进行，但时间不能超过3分钟，处理完事情，必须向顾客致歉。

2.1 收银员的定义

收银就是收钱，是商家在出售商品或提供服务之后向消费者收取款项的一种商业活动。收银员是指从事收取现金、支票、银行卡等，为顾客开具发票并对本收银台当班销售额进行核算的人员。收银员的工作是以货币计量为基本形式而采用专门的方法，对经济活动进行核算和监督的一种管理活动。收银员的主要工作内容包括：完成现金、支票、银行卡、移动支付结算；为顾客提供销售小票和发票；对本收银台当班销售收入进行核算。

随着移动支付（如支付宝、微信支付、Apple Pay等）的发展，人们的支付方式开始从纸质货币向电子货币转变。收银工作作为一种经济管理活动（其主要特点是采取计价的形式，对社会再生产过程中的经济业务进行连续、系统、综合的核算和监督），与我们的日常生活息息相关。

2.1.1 对收银员的基本要求

在当今激烈的市场竞争中，对于商业企业而言收银员有着非常重要的地位，因为一个收银员的服务态度在某种程度上决定了顾客是否再次惠顾。收银员往往是企业最直接的代表，因为顾客对企业的印象很大程度上受到收银员的影响，一家成功的企业有赖于多方面的合作，而收银员是其中重要的一环。作为企业的代表，收银员应做到以下几点：

1）友善和蔼的服务态度

以顾客为中心，为顾客服务，做到文明礼貌、助人为乐。无论怎样，每位顾客都希望得到友善和礼貌的服务，提供这样服务的企业更能赢得回头客。

2）随时准备照顾顾客

照顾顾客与收银有同样的重要性，对伤残、年老、带婴儿的顾客及孕妇应给予特别协助。

3）认真处理顾客的投诉

顾客在投诉时，总希望有一位明白事理的人能听取他的倾诉，所以应让顾客说清楚是怎么一回事，并且以同理心尽量协助解决或做出适当的道歉，这样做会令顾客感觉投诉有门。如果顾客投诉的是超出你能力范围的事情，你应请示你的上级来处理，争执只会令事情恶化。同时，要尽量避免与顾客发生冲突，当遇到一些蛮不讲理的顾客时，你应有礼貌地解释公司的宗旨。

4）熟练掌握收银工作技能

（1）一个素质良好的收银员应在每天工作开始前10分钟，做好以下几项准备工作：检查收银机是否正常，打印纸是否充足；准备好收银所需的所有用具；准备好足够的零钱。

（2）掌握收银技术规范：顾客走近收银台应适时打招呼，说好第一句话；录入商品金额应迅速准确；对顾客的询问应耐心、热情地答复；收款过程应准确报价，唱收唱付。

（3）在收银机上记录最后一项商品后，应询问顾客有没有其他需要，如不需要则按相应的支付方式进入收银程序。从顾客手中接过现款时将面值读出，找零时应读出找零数额，做到唱收唱付，并清楚地将零钱交给顾客，以避免因找零错误而引起不必要的争执。

（4）工作期间暂时离开岗位时应锁好收银台，并出示“对不起，暂停服务，请到临近收银台付款”的提示牌。

（5）当收到可疑的钱币时，应委婉地请顾客调换一下。

2.1.2 收银员的职责规范

掌握收银机的使用方法、假钞的识别方法、各种支付方式的操作技巧，熟悉商品编码等；收款快捷、准确找零，一定要端正职业态度，严守职业道德底线，遵守企业关于各种支付方式的收付规定，遇到错误操作时应通知有关人员，不得隐瞒。

2.1.3 收银员工作纪律规范

1）严格履行交接手续

收银员交接班时要与对方当面清点发票、款项、钥匙。需要办理交接手续时，需按要求准确填写并签字。

2）专人负责，严禁离岗

收银工作必须由指定的专人负责，不得交给与收银工作无正式责任关系的其他人代管。严禁收银员在工作时间内擅自离开工作岗位。

3）账款、账实相符

规范的收银工作不得出现丝毫差错。每笔收银账目与收入款项必须相符，错账、长短款必须立即查明原因。

4）先收后付，禁止交叉

收银员的收款程序应为先接受顾客交付的款项或平整单据，待结算完毕后将需要付给顾客的所有单据和款项一次付清，不得先付出后收取，避免“跑账”。收银员不得同时处理两笔账务，以免混淆不同的账务，给顾客与自己带来麻烦。

5）严格汇报总结制度

出现错误及时汇报，迅速处理，认真总结，并及时做出补救或改正措施，以防后患。

6）公私分明，廉洁守法

个人财物不得与公款混放，不得私吞、私借、贪污收银款项，不得涂改、销毁收银凭证，恪守道德底线，提高职业操守和执业质量。

7）临危不惧，以稳治乱

遇意外事件（特别是恶性犯罪行为）应尽量做到冷静、迅速报警、争取援助，与坏人周旋、斗智斗勇，以确保收银款项与凭证完整无缺。

8）清洁环境，防止火灾

收银环境尽量清洁，收银员不得将与收银工作无关的物品带入或存放在收银区域内。收银员应随时注意打扫收银区域，不得随意丢弃废纸废物，严禁将纸质物品放在电器上，消除火灾隐患。发现顾客在附近吸烟时，收银员有责任及时劝阻，或告知其到允许吸烟的地方吸烟。顾客当场熄灭香烟时要注意烟灰、烟蒂的处理方式，以防其乱丢引发火灾。

9）规范服务，礼貌待客

收银员应依照工作程序和要求提供服务，对待结账或询问的顾客要主动热情，礼貌待客，微笑服务，必要时应提供帮助，任何时候都不得敷衍、命令顾客。

2.2 收银员的工作范围

2.2.1 现金结算

接受顾客现金时要注意辨识钞票的真伪，可通过眼看、手摸、耳听和检测的方法来识别。

（1）眼看：通过用眼睛仔细地观察票面外观颜色、固定人像水印、安全线、胶印缩微文字、红色和蓝色纤维、隐形面额数字、光变油墨面额数字、阴阳互补对印图案、横竖双号等来辨别人民币的真伪。

（2）手摸：依靠手指触摸的感觉来分辨人民币的真伪。

（3）耳听：通过抖动使钞票发出声响，根据声音来辨别人民币的真伪。

（4）检测：借助一些简单工具和专用仪器识别人民币真伪。

2.2.2 支票结算

支票上印有“转账”字样的为转账支票；印有“现金”字样的为现金支票，现金支票只能用于支取现金。收银员通常受理的均为转账支票。

（1）支票的有效期为10天，从签发之日起计算，到期日为节假日时依次顺延。收到支票时必须看清支票是否过期。转账支票可以背书转让，可以挂失，但挂失前已支付的，银行不予受理。支票上的签章要清楚，支票右下角的银行打码应该与出票人右上角填写的账号一致。

（2）打电话到收银中心办公室，查询购物单位的信息，确定提货时限。

（3）签发支票必须使用墨汁或碳素墨水填写支票内容、签发日期等各项要素，日期书写要规范，不得简写，大写金额要规范。

（4）核对金额和出票人，确定其是否与所应填写的内容一致。

2.2.3 填开发票

发票是财务收支的法定凭证，所有从事生产、经营活动的单位和个人在销售货物或提供加工、修理修配劳务，从事各类收购业务等活动时，必须使用国家税务机关监制的发票。

（1）整本发票启用前，应先清点检查，如有缺联、少份、缺号、错号等问题，应整本退回或报告税务机关处理，否则责任自负。

（2）填开发票时，必须按发票顺序号依次填用，各栏目内容应当真实、完整，全部联次内容完全一致。未填用的大写金额应划上“￥”符号封顶；作废的发票应整份保存，并注明“作废”字样。已经开具的发票存根保存五年，不得擅自销毁。

（3）发票填写后必须在发票联、抵扣联加盖单位发票专用章，否则无效。

（4）发票只能在票面面额规定的范围内填开，超面额填开一律无效。

（5）发票只限于领购单位和个人在本县（市）范围内开具，按规定的用途使用。

2.2.4 银行卡结算

1）贷记卡（信用卡）和借记卡的区别

信用卡和借记卡都属于银行卡，但其物理构成和受理环节存在一定的差别。

（1）物理构成上的区别。信用卡正面有信用卡标志（含激光防伪标志），借记卡不一定有；信用卡一定有有效期，借记卡不一定有；信用卡卡号均为凸印的，借记卡卡号有平面印刷的，也有凸印的。

（2）受理环节上的区别。信用卡具有如下特点：只限本人使用，不得出借转让；具有透支功能；可通过银行卡网络联机使用，也可脱机采用手工压卡的方式使用；消费时有的信用卡使用密码并核对签名，有的不使用密码只核对签名。借记卡具有如下特点：只限本人使用，不得出借转让；不允许透支；必须通过银行卡网络联机使用，不可采用手工压卡方式；消费时必须使用密码并核对签名。

2）银行卡的销售处理

银行卡必须由持卡人本人使用。当收到银行卡支付时，要仔细验卡，根据银行卡的一些物理特征辨别真假。如果是信用卡，还应核对卡面的性别标注“MR”或“MS”与付款人性别是否一致。

3）双币种卡的识别

双币种卡的显著特征是融人民币卡和外币卡于一体，给持卡人带来了使用上的便利。双币种卡通常都是信用卡，在外观上与单一币种的信用卡基本相同，最显著的区别在于卡面上有银联和国际信用卡组织两个标识。

双币种卡受理的注意事项：双币种卡在国内的使用应视同于人民币卡交易，统一在受理人民币卡的收银机上进行，避免双币种卡被当成外币卡在仅受理外币卡的收银机上使用。

4）压卡机

一般在出现收银机故障、通信线路故障或持卡人的信用卡磁条损坏等情况下，导致无法进行联机交易时，使用压卡机完成交易。

可以办理手工压卡的信用卡如中国银行长城卡、中国农业银行金穗卡、交通银行太平洋卡、中国建设银行龙卡、中国工商银行牡丹卡、广发卡。

购物中心手工压卡目前采取的是逐笔获取授权的压印方式，指无论交易金额大小，收银员均须按照受理协议所规定的授权途径和联系方式向发卡机构或收单机构逐笔索取授权的压印交易。

2.2.5 外汇卡结算

1）外汇卡的种类

目前国际上通行的外汇卡种类有VISA、MasterCard（万事达卡）、American Express（运通卡）、Diners Club（大来卡）和JCB（日财卡）。

2）外汇卡的特征

由于发卡银行不同，各外汇卡也各有其特征，现将其共同特征总结如下：卡面为全英文；卡面上有卡号、持卡人姓名、有效期限、防伪标识、发卡公司的标识（VISA、MasterCard等）、特殊凸印信息。以上只是外汇卡的一些基本特征，收银员收到具体的外汇卡时还需要仔细甄别。

2.2.6 储值卡结算

储值卡（Value Card），是发卡银行或者其他经人民银行认可有权发卡的企业单位根据持卡人要求将其资金转至卡内储存，交易时直接从卡内扣款的预付钱包式借记卡。此类卡面值固定，一般不能续存金额，使用完后就丢弃，具有不记名、不挂失、不计利息等特点。

储值卡结算时应注意：

（1）刷卡后核对卡、显示屏的卡号是否一致，并向顾客读出余额，确认后再核对打印的卡号。

（2）储值卡余额不足10元，应建议顾客把余额消费完，把卡收回，空卡按面值统一整理后交售卡处。如顾客坚持要保留购物卡，须请示上级处理。

（3）当刷卡后电脑不显示或显示卡已过期时，收银员应请其他员工或收银柜长领顾客到理货区，由技术人员处理。

（4）当收到“该卡不存在”或其他不能使用的提示时，收银员应及时报告收银柜长或楼层管理人员处理。

2.3 收银员的工作程序

2.3.1 收银员营业前的工作程序

1）查锁

检查收银台锁有无他人动过的迹象。如有被破坏痕迹则不得乱动，要注意保护现场，立即汇报。

2）备零钱

收银员在每天营业开始前应备足当天所需零钞。在营业时间内尽量不要出现无法找零的情况。

3）备单据

收银员应在营业前将本班次所需要的单据（如发票、开小票用的打印纸等）准备充足。

4）备收银用具

收银员应在营业前将当日收银所需用具准备妥当，包括印盒添印油、更换当天收讫章日期、备好顾客用笔、海绵壶充水、检查打印机内打印纸的余量等。

5）检查收银机

检查收银机的通电和运行是否正常。

6）检查环境

检查收银区域的照明灯光、环境卫生等状况。

2.3.2 收银员每日工作流程

收银员做好上岗前准备，按规定着装，佩戴工号牌，并按规定时间和方式（签字或打卡等）履行签到手续。

1）进场

收银员按指定员工通道进入商场，主动出示证件，接受督导员和保安人员的检查后进入岗位。收银员进场后非工作所需不得进入其他部门的卖场或专柜。

2）营业准备

收银员打扫收银台及周边卫生，清洁收银机显示屏；更换收讫章的日期，准备零钞、发票、计算器、笔、双色印台、私章、打印纸等收银用具；准时参加收银中心早会，站姿标准，认真聆听，做好早会记录工作并且签字确认，早会结束后安静退场，不得影响其他部门开早会；面向主通道，站姿标准，面带微笑，向顾客行注目礼。

3）营业接待

收银员站立在收银台一侧，迎接第一位顾客的光临；使用敬语，唱收唱付，规范操作。

4）交接班

交接班要做到账目清楚，钱款清楚，早会内容清楚；遇接班人员未到岗，不得随意离岗，由收银中心安排接替人员后才能离开。

5）营业结束准备

核对票据，清点现金，仔细填写现金封包单和内部交款单后送至规定的存放地点。

6）清场签退

进行收银用具、收银台抽屉、电源开关的安全检查；打卡，按指定员工通道有序地离开商场。

2.4 收银员的仪容仪表

收银服务的直接对象是顾客，因此，收银员的服务水平往往直接影响企业的形象。收银员的仪容仪表会给顾客留下第一印象，得体的仪容仪表会为收银员的服务工作打下良好的基础。

仪表即指人的外表，包括容貌、举止、姿态、风度等。仪容仪表的内容很多，这里仅介绍收银员的容貌礼仪、服饰礼仪及面部表情。

2.4.1 收银员的容貌礼仪

清新、端正的容貌和恰当自然的修饰是对现代收银员仪容仪表的基本要求。

1）清爽的发型

一个人的发型可以反映出一个人的文化修养、审美水平、精神状态，是一个人气质的集中表现。要想成为一名优秀的收银员，需要从“头”做起。收银员在工作期间应注意以下规范：

（1）保持头发清洁整齐，经常洗头、理发。

（2）头发不可遮住眉毛，造型不得过于夸张、怪异，不得将头发染成黑色以外其他任何颜色。

2）适度地化妆

适度得体的妆容可以展现个人风采，化妆在礼仪中起着重要作用。化妆一方面能装扮自己和展示自己的精神面貌，另一方面还体现了对他人的尊重。所以，作为一名优秀的收银员，应当学会和掌握化妆的技术。

化妆礼仪的基本要点：

（1）化妆要自然。化妆的基本要求是自然。对收银员化妆的要求是“淡妆上岗”。所谓“淡妆”，是指化妆之后表现得清新自然，让别人觉得你天生如此，这是化妆的最高水准。切记不可浓妆艳抹。

（2）化妆要协调。一是协调所用的化妆品系列；二是化妆的各个部位要协调；三是妆容与服饰要协调。

收银员除了注重头发和化妆外，还要注意整体形象的修饰。其具体包括：指甲应当常剪常修，一般不擦指甲油，不得留长指甲；上班时不可佩戴手镯和其他饰物，也不宜戴惹眼的胸饰、领花和戒指等；其他注意事项还有不得在工作时间戴有色眼镜、不得佩戴大围巾或坠耳环、不得戴项链或脚链等，以免妨碍工作。

2.4.2 收银员的服饰礼仪

收银员的服饰体现着企业的组织形象和集体精神。因此，在收银工作场合，必须穿工作服，穿工作服不仅是对服务对象的尊重，同时也使着装者有一种职业的自豪感、责任感，是敬业、乐业在服饰上的具体表现。因此，收银员在工作场合应穿工作服，以整齐、清洁、大方并富有朝气为原则。具体要求如下：

1）整洁的工作服

（1）工作服是上下身配套穿，就必须上下身配套穿，而不能只穿一件。如果只有上衣是工作服，那么下身可以着便服，但也应搭配得当，裤子或裙子应在样式、色调上与工作服相协调。

（2）衬衣要选择规定的颜色和样式，并应保持整洁，特别要注意衣领和袖口要洁净。衬衣必须束扎裤内或裙内，绝不能让内衣或其他衣服显露在制服外面。

（3）女性收银员要穿黑色、灰色、藏青色、茶色、绿色无花纹的或者接近这些颜色的裙子。

（4）男性收银员不应穿极端花哨的、带花纹的服装。

（5）工作服颜色较淡或较浅时，禁止穿红、紫、橘红等颜色的衬衣。

（6）不能使用花纹太明显的毛夹克作为工作服。

2）领带

领带一定要使用领带别针。

3）鞋

收银员每天应当把皮鞋擦拭干净、光亮，破损的鞋子应及时修理；如穿布鞋，同样需要保持鞋子的整洁，不要把鞋子当拖鞋穿；不能穿露脚趾的凉鞋和拖鞋，袜口不要露在裤子外；尽量不要穿高跟鞋。

4）袜子

男收银员应穿跟鞋子颜色搭配的袜子，以黑色最为普遍；女收银员应穿与肤色相近的丝袜，以肉色、黑色为宜。

5）工牌、徽章

（1）在上岗时须按规定佩戴好徽章或工作证，它们是岗位和职责的标志，不得随意改制和增添其他饰物，不得将工牌或徽章借给他人使用。

（2）工牌、徽章的内容须规范齐全，外壳和内芯无破损、污渍。

（3）工牌、徽章一律佩戴于制服外衣的左胸前，不得佩戴无照片或经涂改的工牌、徽章。

（4）工牌、徽章丢失，应该及时向核发部门提出申请，重新办理工牌、徽章，或者请求发给代用工牌。

2.4.3 收银员的面部表情

情感的表达是人们保持正常交往的纽带，它主要是通过言语、声音、表情等方式来完成的。所以，表情在人们的交往中占有相当重要的位置。

表情是无声的形态语言，是人们优雅举止与风度的重要组成部分。在体态语中，面部表情最为丰富且最具表现力，能迅速而又充分地表达各种情感。表情表现的场所和范围相当广泛，只要及时观察脸上呈现的表情特征，就能够准确地接收信息，了解其内心真情实感。保持自然亲切的微笑，全神贯注于顾客与工作，始终保持热情、友好、自信和镇静，这对于服务人员来讲是非常重要的。

1）目光

眼睛是心灵的窗户。在收银工作中，收银员的目光应是坦然亲切的。每位收银员必须学会准确、恰当地运用这样的目光迎接顾客，这是交际能力和服务水平的具体体现，它与熟练地掌握专业技能和专业知识同等重要。

（1）正视顾客的眼睛。接待顾客时，无论是交谈、递物，还是收找钱款，都必须以热情柔和的目光正视顾客，即使言语不多，也要让对方感受到亲切、友好。向顾客行注目礼应成为每个服务人员必须达到的最基本要求。在接待顾客时，同样的言辞和姿态，会因为有无恰当的目光配合而产生截然不同的效果。

（2）善于体会顾客目光。目光是人们表情中表达力最强的也是最微妙的。一位优秀的收银员，可以从顾客转瞬即逝的目光中，观察到他的内心活动和需求，不等顾客开口，便能主动询问或主动服务。若服务人员对顾客特意投来的目光视而不见，就会使顾客感到不快。

2）微笑

微笑是留存在面部的一种发自内心的自然的笑，是人的心理活动和思想感情在面部上的展现，是内心善良和坦诚的体现。微笑是人类交往的润滑剂，是人际交往中最富有价值的体态语言，是健康、文明的举止。微笑也是一种礼节，它体现着人际关系中友善、诚信、融洽等最为美好的感情。与人初次见面时，给对方一个亲切的微笑，瞬间就可缩短双方的距离，消除陌生感和拘束感，甚至还能够打破僵局，产生巨大的感染力，影响交往对象。微笑是服务态度中最基本的标准，是良好的服务态度的重要外在表现形式。现在，微笑服务已经引起人们的广泛重视，并把它作为一种经营手段和一项重要的优质服务内容。

“微笑服务”是评价服务质量优劣的重要标志，它可以向顾客传递满意的信息和友好、热情的情感。要求微笑服务，实际上就是要使每位员工呈现较高的礼貌修养，时刻保持良好的工作状态。

微笑给人一种亲切、和蔼、礼貌、热情的感觉，加上适当的敬语，会使顾客感到宽慰。但“微笑要适中，敬语要适当，笑要发自内心，敬语要让人听得见”却不是轻而易举能做到的。每位员工应该懂得笑要自然，因为顾客是“上帝”；笑要甜美，因为顾客是“财神”；笑要亲切，因为顾客是“嘉宾”。笑还要有技巧，不能讥笑，让顾客恐慌；不能傻笑，让顾客尴尬；不能皮笑肉不笑，让顾客无所适从。

（1）微笑要适度。微笑虽然是人们交往中最有吸引力、最有价值的面部表情，但也不能随心所欲，想怎么笑就怎么笑，不加节制。微笑的基本特征是露齿八颗、不出声，既不要故意掩盖笑意、压抑喜悦，影响美感，也不要咧着嘴哈哈大笑。笑得得体，笑得适度，才能充分表达友善、诚信、和蔼、融洽等美好的情感。

（2）微笑要适宜。微笑是“世界通用语言”，但也不能走到哪里笑到哪里，见谁对谁笑。微笑要适宜，比方说：特别严肃的场合，不宜笑；当别人做错了事、说错了话时，不宜笑；当别人遭受重大打击、心情悲痛时，不宜笑。微笑要注意对象，两人初次见面，微笑可能拉近双方的心理距离；同事间见面点头微笑，显得和谐、融洽；收银员对顾客微微一笑，表现的是服务态度的热情与主动；当遇到一些不好回答或不便回答的问题时，轻轻一笑不作回答，更显它特殊的作用。

（3）微笑要发自内心。微笑是发自内心的快乐。当一个人心情愉快、兴奋或遇到高兴的事情时，都会自然地流露出这种笑容。这是一种情绪的调节，是内心情感的自然流露，而不是故作笑颜、假意奉承。有关专家研究发现，收银员、营业员、服务人员在开展微笑服务中，做作的成分过多，不仅给人一种不真诚的感觉，而且在工作繁忙或与顾客发生矛盾时，这种笑意就会马上消失。我们提倡发自内心的微笑，因为发自内心的微笑既是一个人自信、真诚、友善、愉快的心态表露，同时又能制造明朗而富有人情味的生意气氛。发自内心的真诚微笑应是笑到、口到、眼到、心到、意到、神到、情到。

总之，微笑是一种特殊的“情绪语言”，可以在一定程度上代替语言上的更多解释，会起到“此时无声胜有声”的作用。

2.5 收银员的语言服务规范

语言是表达思想感情的工具，消费者往往根据语言来评价服务质量。因此，正确地使用语言非常重要。收银员在接待消费者的全过程中，语言要热情、亲切、礼貌、和蔼，灵活运用好“您”“请”“欢迎”“对不起”“没关系”“谢谢”“再见”等文明礼貌用语，并坚持服务用语的尊重性、正确性、适应性原则。

1）打招呼用语

消费者前来付款时，收银员要说好第一句话，打招呼的用语一定要恰当，对顾客可以统称用“您”，也可针对不同顾客的年龄、性别使用各种尊称用语，打招呼的时机和方式也要恰当。

2）交易用语

向消费者打好招呼，只是服务过程的良好开端，要使消费者满意，还必须掌握好交易用语。交易用语是收银员在收银过程中使用的专业语言。收银员要注意掌握说话技巧和语言艺术，做到“五要四不讲”。“五要”是：语言要亲切、语气要诚恳、语调要柔和、用语要准确、要说普通话。“四不讲”是：不讲粗话脏话、不讲讽刺挖苦的话、不讲催促埋怨的话、不讲与营业无关的话。

3）致谢和致歉用语

在服务过程中，收银员对顾客前来付款和在付款过程中给予的合作、支持要表示感谢；对于给顾客带来的不便及收银过程中出现的失误等要表示歉意。通过“谢谢关照”“对不起，让您久等了”“请原谅”等这些致谢和致歉用语，能够让顾客感到亲切。

4）道别用语

接待顾客要有始有终，在收银结束后，收银员应主动热情道别，使用“欢迎您再来”“谢谢，您慢走”等礼貌用语。恰当使用道别用语不仅仅是礼貌行为，更重要的是给顾客带来了交易后的愉悦感，给顾客留下了深刻的印象，为顾客的再次光临奠定了基础。

总之，服务语言是非常丰富的，使用好服务语言接待好每一位顾客，让顾客感到满意，不仅是一种柜台本领，掌握耐心倾听、专注热情、幽默灵活、言而有信、讲究方式的用语技巧更是服务规范所要求的。

2.6 收银员的行为举止

举止是指一个人生活、工作中的各种姿态，包括站姿、坐姿、行姿、手势等。举止是一种无声的语言，是展示自己修养的外在形式。对收银员在工作中的举止要求：既不自卑，又不傲慢；既热情，又持重；既细心，又周到。

1）站姿

站立是人们生活、工作、交往中的一种最基本姿态，是人们静立时的姿态。正确的站姿，是一个人身体健康、精神饱满的体现。站姿的基本要求如下：

（1）头正，脖颈挺直，双目平视；嘴唇微闭，下颌微收。

（2）两肩放松，稍向下沉；自然呼吸，人体有向上的感觉。

（3）躯干挺直，收腹、立腰、挺胸、提臀。

（4）双臂自然下垂于身体两侧，手指并拢自然弯曲，中指贴裤缝。

（5）双腿并拢、直立。

（6）双脚呈V字形或Ⅱ字形。

2）坐姿

（1）上身自然挺直，挺胸；双膝自然并拢，双腿自然弯曲；双肩自然平正放松，两臂自然弯曲，双手放在双腿上或扶手上，掌心向下。

（2）头正，嘴唇微闭，下颌微收，双目平视，面容平和自然。

（3）女员工一般只坐椅面前2/3部分，脊背轻靠椅背。

（4）离座时，要自然稳当，右脚向后收半步，然后起立，起立后右脚与左脚并齐。

（5）谈话时身体可以有所侧重，但要注意头、胸、髋、四肢的协调配合。

3）行姿

（1）在商场内行走时要注意礼让顾客。当顾客较多，堵住道路时，应轻声地说“对不起，请借光”“劳驾，请让一让”，然后再通过。

（2）与顾客迎面行走时，要谦让地主动给顾客让路。

（3）在与顾客上下楼梯时，应请顾客先上，自己走在后边。

（4）不要并行过通道，不要边走边聊天，不要手拉手行走，更不可勾肩搭背。

4）手势

手势是指在表示某意思时用手所做出的动作，也是一种表现力较强的“体态语言”。手势使用得当，会给人留下深刻、鲜明的印象。

在交谈中，伸出食指向对方指指点点是很不礼貌的举动，更不可将手举高，用食指指向别人的脸。西方人比东方人更忌讳别人的这种指点。

2.7 收银员标准化接待服务规范

2.7.1 接待服务概述

剩余价值理论认为，服务是一种具有特殊使用价值的活动，可以由人、设备来提供。收银员接待服务主要是通过人和设备等载体，向消费者供应优良的商品、提供良好的服务及为消费者创造良好购物环境的活动。

这种服务活动具有无形性，不可触摸性，瞬间即逝性，依附性，与生产、销售和消费并存性的特点。

2.7.2 无顾客临柜时的接待服务规范

当无顾客光临时，收银员应按标准坐姿端坐（早间迎客、晚间送客按标准站姿站立），进行票据、钱款整理等工作，并随时做好为顾客提供结算服务的准备。此时应避免的事项有：离开收银台时没有将暂停收银的提示牌放在收银台显眼处明示顾客；长时间打电话。

2.7.3 顾客临柜时的接待服务规范

当顾客光临时，收银员应目视顾客，微笑接待，并向顾客问好，礼貌提醒顾客出示会员卡，用右手递接购物单和钱款。进行收付款工作时，应遵守唱收唱付的原则，在收款过程中，应先收整数，后收零钱。付款找零时应先找尾数，后找整数，并在交付前复核一次。

在服务规范上，以招呼顾客为先，其他工作次之（安全性工作除外）。在没有其他顾客等待交易时，收银员应目视前来结账的顾客，并在顾客离收银台1米左右时起身向顾客问候。如果在收银员交接班时间仍有顾客在排队等待结账，须等待所有顾客都结完账后，在无顾客的情况下才可进行交接，并出示暂停收银的提示牌。

收银员在工作过程中可接、拨电话的情况及一般通话时间见表2-1。

表2-1 收银员可接、拨电话情况及通话时间

项目	时间（分）	项目	时间（分）
支票授权	3	大额刷卡时联系收银主管或办公室	1
信用卡手工压单时授权	5	前台发生投诉时联系收银主管或办公室	1
换零钞、发票或领取收银用品时各收银台之间的联系	1	发生消费卡退货但顾客身边无消费卡时联系收银主管	1
联系技术部门（收银机出故障、账目问题等）	5	联系收银主管前来收银台	1

此时应避免的事项有：只忙于其他工作或接打电话，对顾客临柜视而不见；打招呼时面无表情；一边收银一边与他人聊天；一边收银一边打与此次交易无关的电话。

2.7.4 顾客离柜时的送客服务规范

当顾客结账完毕后，收银员应微笑服务，用双手将所有购货凭证和找零一并递交给顾客并唱付数额，有礼貌地向顾客道别，使用“请慢走”“再见”“请走好”等礼貌用语。

在服务规范上，重点在于“礼貌送客”，在没有其他顾客等待交易时，收银员应起身目送顾客离去。

此时应避免的事项有：没有送客语；说“再见”时眼睛不注视顾客，手中还忙着自己的事。

✲知识拓展

收银员文明礼貌接待标准

1. 文明礼貌接待标准

接待服务重在细节，形体端正印象第一；

一声“您好”微笑示意，待人接物举止文雅；

收银操作娴熟到位，票据填写准确清晰；

双手递物送客离柜，道声谢谢再次光临。

2. 收银员文明礼貌接待标准具体要求（见表2-2）。

表2-2 收银员文明礼貌接待标准、具体要求及培训要点

接待标准	具体要求	培训要点
接待服务重在细节	做好接待工作，关键在于细节，必须一丝不苟地做好接待服务的各个环节，并随时做好恭候顾客光临的准备	
	除了接待服务外，在无顾客临柜时，可以进行小范围的清洁卫生、整理收银用品、核对账目等工作	
形体端正印象第一	制服要整洁、挺括	按季节穿着规定的制服，始终保持整洁，无污渍、缺扣、脱线，行走和站立时扣子应扣起，保持平整
	按标准坐姿端坐	标准坐姿：上身自然挺直，挺胸，双膝自然并拢，双肩自然平正放松，两臂自然弯曲，双手放在双腿上，掌心向下；女员工一般只坐椅面的前2/3部分，脊背轻靠椅背；精神饱满，表情自然，面带微笑，双目平视

续表

接待标准	具体要求	培训要点
一声“您好”微笑示意	顾客临柜，立刻停止手中与接待无关的工作，主动接触顾客目光，微笑并问好	主动：5米之内关注，3米之内主动眼神接触，1米之内主动问候 目光：目光要始终关注顾客，表情自然，眼神温和，给人亲近感 微笑：始终向与你有目光接触的顾客微笑，表达主动服务的意愿 问好：可根据时间、节日问候，如“先生（小姐），早上（下午、晚上）好”“节日快乐”等
	无顾客等待交易时起身站立迎客	微笑、目视顾客（离收银台约3米）；起身，向顾客问候（离收银台1米之内）
待人接物举止文雅	从顾客手中礼貌地接过商品、钱款	手势：起身双手接过商品、钱款
	多名顾客等候付款时，应有礼貌地“接一、问二、应三”	语言：“请稍等”“对不起，让您久等了”
收银操作娴熟到位	温馨提示顾客出示会员卡	语言：“您好，请问有会员卡吗?”
	熟练掌握收银流程，会对各类支付方式进行准确快速的操作	支付方式：现金、信用卡、团购券、支票、移动支付等 唱收：清晰、准确，每笔唱收 禁忌：一边收银一边与他人聊天，一边收银一边打与此次交易无关的电话
票据填写准确清晰	支票填写规范清晰	要求：原则上只能受理转账支票；有效期为10天；使用墨汁或碳素墨水填写；字迹书写清晰、规范 收到支票要求笔笔授权，获得授权号后将顾客姓名、身份证、联系方式连同授权号记录在支票背面
	内部交款单、现金封包单填写准确清晰	逐一、逐栏填写，无错填、漏填
双手递物送客离柜	礼貌递送相关票据、找零等	唱付：清晰、准确，笔笔唱付
	无顾客等待交易时起身站立送客	没有其他顾客等待交易时：起身，微笑目送顾客离去（视线范围3～5米）
道声谢谢再次光临	向顾客道谢或道别，视情况目送顾客离开	道谢或道别：“谢谢”“请慢走”“欢迎下次光临”“再见” 目送：视线范围3～5米
	顾客离柜后，应视情况及时整理收银台面、钱款、小票，做好接待下一位顾客的准备	

知识回顾

一、不定项选择题

1.化妆礼仪的基本要点是（　　）。

A.简单应付　B.自然　C.协调　D.避人

2.收银员的服饰应（　　）。

A.整齐　B.清洁　C.大方　D.挺括

3.收银员语言礼仪规则为（　　）。

A.耐心倾听　B.幽默灵活　C.言而有信　D.讲究方式

4.收银员的行为礼仪包括（　　）。

A.站姿礼仪　B.坐姿礼仪　C.行走礼仪　D.手势礼仪

5.现代问候礼仪中，问候态度（　　）。

A.要主动　B.要热情　C.要自然　D.要专注

6.交谈礼仪具有（　　）。

A.态度真诚、神态专注原则　B.互相尊重原则

C.反馈原则　D.致敬原则

7.收银职业技能包括（　　）。

A.收银机操作技术　B.计算技术

C.点钞和验钞技术　D.会计数字书写规范

8.衡量收银工作质量的重要指标是（　　）。

A.快捷　B.准确　C.安全　D.热情周到

9.收银工作的主要业务内容是（　　）。

A.现金收银业务　B.银行卡收银业务

C.凭证的填制与装订业务　D.收入款项的管理与上交业务

10.银行卡收银业务的工作程序是（　　）。

A.收卡验证　B.刷卡　C.签单

D.打单　E.返还卡

二、判断题

1.发票和印章涉及企业的利益和权益，应加强保护，不得随意乱放。（　　）

2.收银员每天下班以前要认真将销售凭证等原始凭证装订好，连同当日收取的账款一并交到总收款室，结清当日账务。（　　）

3.收银员在工作期间应实行站立服务、主动热情、礼貌待客、唱收唱付，接待、送别顾客要使用文明礼貌用语。（　　）

4.当顾客来到收银台前交款结账时，收银员如果有事情，可以不理睬顾客。（　　）

5.超市收银员在进行扫描输入时，应站姿端正，身体与收银台、收银机保持适当的距离，不应靠在收银台上。（　　）

6. 收银员在整个收银过程中，眼睛的余光要随时留意收银通道，以防商品流失。（ ）

7. 如顾客要求退货，经确认符合退货条件的，应当及时予以退货。（ ）

8. 收银员当班期间可以随意外出、串岗、购物、闲谈、说笑或进入其他收银台。（ ）

9. 交接班时，可以以正在交接班为由拒绝为顾客服务。（ ）

10. 收银员应掌握的基本技能包括会计数字的书写技能、点钞与验钞技能、计算技术和收银机的使用技能等。（ ）

三、简答题

1. 接待服务的特点有哪些？

2. 接待服务中应做到的“五要四不讲”是什么？

3. 收银员在收付款过程中应遵守哪些原则？

4. 接待服务的内容有哪些？

四、操作题

到超市观察了解实际收银工作情况，初步认识和感知收银工作及环境，重点是注意观察超市收银员的工作环境、服装、发型、工作态度及语言表达等，并在收银实训室对所观察到的情况进行演练，进一步对比总结。

知识应用

一、训练目标

1. 通过训练让学生更好地掌握收银员语言礼仪的基本要求和内容。

2. 通过容貌及服装礼仪训练，掌握收银员化妆、发型和着装方面的知识和要求。

二、训练内容

1.收银员语言礼仪训练。

（1）对学生进行分组，分别扮演收银员和顾客的角色。要求扮演收银员的学生使用规范语言为顾客服务。

（2）收银员在面对顾客抱怨等情况时的应对措施：

① 暂时离开收银台时应说：“抱歉，请您稍等一下。”

② 重新回到收银台时应说：“真对不起，让您久等了！”

③ 自己疏忽或没有解决办法时应说“真抱歉”或“对不起”。

④ 提供意见让顾客决定时应说：“若是您喜欢的话，请您……”

⑤ 希望顾客接受自己的意见时应说：“实在很抱歉，请您……”

⑥ 当提出几种意见供顾客参考时应说：“您的意见呢？”

⑦ 遇到顾客抱怨时，应仔细聆听顾客的意见并予以记录，如果问题严重，不要立即下结论，而应请主管出面向顾客解释。其用语应为：“我明白您的意思，我会将您的建议汇报给主管并尽快处理。”

⑧ 当顾客买不到商品时，应向顾客致歉，并给予建议。其用语为："对不起！现在正好缺货，让您白跑一趟。您要不要先买别的牌子试一试？"或"请您留下电话和姓名，等新货到时我们马上通知您"。

⑨ 不知如何回答顾客询问时，不能说"不知道"，而应回答："对不起，请您等一下，我会请主管来为您解答。"

⑩ 顾客询问商品是否新鲜时，应以肯定、确认的语气告诉顾客："一定新鲜。如果您买回去不满意，欢迎您拿来退款或换货。"

⑪ 顾客要求对所购商品进行包装时，应微笑着告诉顾客："请您先在收银台结账，再麻烦您到前面的服务总台（同时应打手势，手心朝上），会有专人为您服务。"

⑫ 当顾客询问特价商品时，应先口述数种特价品，同时拿宣传单给顾客，并告诉顾客："这里有详细的内容，请您慢慢参考选购。"

⑬ 在店门口遇到购买了本店商品的顾客时，应说："谢谢您，欢迎再次光临。"

⑭ 收银空闲遇有顾客不知要到何处结账时应说："欢迎光临！请您到这里结账好吗？"（以手指向收银台，并轻轻点头示意）

⑮ 有多位顾客等待结账，而最后一位表示只买一样东西，有急事待办时，收银员应对第一位顾客说："对不起，能不能先让这位只买一件商品的先生（小姐）先结账？他好像很着急。"当第一位顾客答应时，应对他说声"谢谢"。当第一位顾客拒绝时，应对提出要求的顾客说："很抱歉，大家好像都很急。"

2.收银员仪表及服装礼仪训练。

（1）老师为扮演收银员的学生设计一些服务要求。

（2）要求每位同学准备化妆用品，自己化妆和整理发型，搭配服装。

（3）展示各自的妆容。

（4）进行相互点评，指出各自的优缺点，最后由老师进行总结点评。

三、训练方法

角色扮演法和教师讲评法相结合。

四、训练要求

1.衣着形象。

（1）工装整洁干净，无污迹，无破损。

（2）穿戴符合工作标准，裤脚平整，穿深色鞋子；女员工穿肉色丝袜，丝袜无破损，头花佩戴在规定位置。

（3）除手表外不佩戴耳环、戒指、项链等饰物。

（4）服装无异味。

（5）工牌端正佩戴于外衣左胸前位置。

2.仪容及整体形象。

（1）头发整洁，不染怪异发色，不烫发，无头屑，前发不过眉，两侧不过耳，后不过肩；女员工长发盘束整齐美观。

（2）化妆要求面部清洁，口腔清洁无异味；男收银员不得留胡须。

（3）要求不留长指甲，不涂指甲油，指甲清洁、整齐。

3.站立姿势。

（1）表情自然，面带微笑，眼睛平视，精神抖擞。

（2）行为举止规范有礼，不得打闹嬉戏，不得随意开玩笑。

4.语言艺术。

（1）灵活掌握并运用服务用语。

（2）遇突发状况时能够得体应对。

项目三

真假钞识别

学习目标

知识目标

1. 了解人民币的相关常识及人民币发行情况；
2. 认识第五套人民币的票面特征；
3. 了解假钞的特征。

技能目标

1. 学习第五套人民币鉴别技能和方法；
2. 掌握鉴别真假钞的技能；
3. 了解假钞处理方法及残破人民币的兑换方法。

引导案例

王强已经在超市实习一个月了。在收银过程中，他的收款速度较慢，在交接班时经常赔钱，甚至有时赔款金额达到100元。他今天在收银时又收到一张100元的钞票，感觉有点不对劲儿，但又不能马上确定，于是要求顾客换一张，顾客不高兴地说："我只有这一张，你为什么不收？"正当他左右为难的时候，收银主管张平走过来帮忙进行了辨别，告诉王强这张钞票是真币，让王强帮顾客结账。顾客走后，王强佩服地说："你怎么能肯定这张钞票是真的？"张平说："我们专门培训过人民币的鉴别，只要掌握了真假币的主要特征，鉴别真假币就不会有太大问题。"

案例点评：

由于王强自己平时不注意学习，没有掌握识别假钞的方法，不会辨别人民币的真伪，导致今天与顾客发生分歧。如果王强能够熟练掌握假钞的识别技术，对人民币的真伪做出迅速、准确的判断，就可以提高收银效率，为顾客提供良好服务，同时也可以为自己减少损失。因此，一名收银员应该具备以下知识与技能：掌握人民币（主要是第五套人民币）各面值的主要特征；掌握识别真假钞的操作要领；熟练运用识别真假钞的方法，快速、准确地识别真假钞。

3.1 人民币的相关常识

3.1.1 人民币的历史

《中华人民共和国中国人民银行法》第一章第四条规定："中国人民银行履行下列职责：（一）发布与履行其职责有关的命令和规章；（二）依法制定和执行货币政策；（三）发行人民币，管理人民币流通……"中国人民银行自1948年12月1日成立以来，已发行了五套人民币，形成了包括纸币与金属币、普通纪念币与贵金属纪念币等多品种、多系列的货币体系。

1）第一套人民币

拓展阅读：第一套人民币票样

1948年，随着人民解放战争的顺利进行，分散的各解放区迅速连成一片，为适应形势的发展，需要一种统一的货币替代原来种类庞杂、折算不便的各解放区货币。为此，1948年12月1日，中国人民银行在河北省石家庄市成立，同日开始发行统一的人民币。至1951年年底，人民币成为中国唯一合法货币，在除台湾、西藏以外的全国范围流通。第一套人民币停止流通时间是1955年5月10日，共印有1元、5元、10元、20元、50元、100元、200元、500元、1 000元、5 000元、10 000元、50 000元12个券别、62个版别，人们习惯上称之为"旧人民币"。

2）第二套人民币

拓展阅读：第二套人民币票样

为了弥补第一套人民币面额过大和印制质量不高等不足，进一步健全我国货币制度，中国人民银行自1955年3月1日起发行了第二套人民币，收回第一套人民币。当时发行的面额有1分、2分、5分、1角、2角、5角、1元、2元、3元、5元10个券别；1957年12月1日又发行了一种10元面额的。同时，为了便于流通，国务院发布了发行1分、2分、5分三种金属分币的命令，与纸币等值，混合流通。第二套人民币共11个券别、14个版别，它和第一套人民币折算比率为1：10 000。第二套人民币成为我国第一套完整、精致的货币，对健全我国货币制度、促进社会主义经济建设发挥了重要作用。

3）第三套人民币

拓展阅读：第三套人民币票样

为了促进工农业生产发展和商品流通，方便群众使用，中国人民银行于1962年4月20日开始发行第三套人民币，发行的面额有1角、2角、5角、1元、2元、5元、10元共7个券别、13个版别。第三套人民币和第二套人民币的折算比率为1：1，并在市场上混合流通。

第三套人民币票面设计图案比较集中地反映了当时我国国民经济以农业为基础，以工业为主导，农、轻、重并举的方针。在印刷工艺上，继承和发扬了第二套人民币的技术传统和风格。在制版过程中，精雕细刻，机器和传统手工相结合，使图案、花纹线条精细，油墨颜色合理，色彩新颖、明快，票面纸幅较小，图案漂亮大方。第三套人民币是我国目前发行时间最长的一套人民币，该套人民币停止流通时间为2000

年7月1日。

4）第四套人民币

为了适应经济发展的需要，进一步健全我国的货币制度，方便流通使用和交易核算，中国人民银行自1987年4月27日起，采取“一次公布，分次发行”的办法，陆续发行了第四套人民币。第四套人民币的主币共9种券别、14种版别，其中，100元券的纸币分为1987年版和1990年版两种；50元券的纸币分为1987年版和1990年版两种。这套人民币票面图案设计思想的共同主题是：在中国共产党的领导下，全国各族人民意气风发，团结一致，为建设具有中国特色的社会主义现代化国家而努力奋斗。主币背景图景取材于我国名胜古迹和名山大川，票面的纹饰全部采用富有我国民族特点的图案。在印刷工艺上，主景全部采用大幅人物头像，雕刻工艺复杂，票面人物清晰。钞票纸采用了满版古钱水印和固定人物头像水印，它不仅表现出线条图景，还表现出明暗层次，工艺水准很高。

拓展阅读：第四套人民币票样

第四套人民币除了在图案和纹饰上做了精心设计外，在文字的采用和规范化、标准化上也做了认真调整。全套票券不仅继续采用了蒙、藏、维、壮四种少数民族文字，以方便少数民族地区人民的使用，而且又在壹元以上主币上增印了盲文符号，体现了党和政府对残疾人的关心。第四套人民币还吸收了国家对汉字整理和简化的成果，在票面上全部采用了规范化汉字：一是改繁体字为简体字，例如“中国人民银行”行名中的“國”和“銀”两个字，六种主币面值的“圓”字，都分别改为了“国”“银”“圆”。二是改异体字为正体字。原来流通的人民币2元券、2角券、2分券的“贰”字中的两横在上，即“贰”，现在改成规范正体字“贰”。三是改旧字形为新字形。原来流通人民币辅币1角、2角、5角券的“角”字写成了“角”，中间的一竖不出头，根据1965年颁布的印刷通用的汉字字形表，使用新字形“角”，中间一竖出头。

经国务院批准，自2018年5月1日起，停止第四套人民币在市场上流通，包括100元纸币、50元纸币、10元纸币、5元纸币、2元纸币、1元纸币、2角纸币、1角硬币。

5）第五套人民币

现行流通的第五套人民币是根据中华人民共和国国务院第268号令，中国人民银行于1999年10月1日首先在全国发行的。本次发行的第五套人民币各面额纸币年版号均为“1999年”，因此，通常称为“1999年版第五套人民币”。与第四套人民币相比，第五套人民币的防伪功能由十几种增加到二十多种，主景人像、水印、面额数字均较以前放大，便于群众识别。

拓展阅读：第五套人民币票样

2005年8月31日，中国人民银行开始发行“2005年版第五套人民币”，保持了1999年版第五套人民币主图案、主色调、规格不变，从构成货币的基本要素来说，不属于新发行的一套人民币。但由于在印制生产工艺、防伪措施方面进行了改进和提高，并将年版号改为“2005年”，所以通常将其称为“2005年版第五套人民币”。第五套人民币除100元券外，还陆续发行了50元、20元、10元、5元、1元、5角、1角7个券别。

2015年11月12日，中国人民银行发行了2015年版第五套人民币100元纸币。

2019年8月30日，中国人民银行发行了2019年版第五套人民币50元、20元、10元、1元纸币和1元、5角、1角硬币。2019年版第五套人民币50元、20元、10元、1元纸币分别保持2005年版第五套人民币50元、20元、10元纸币和1999年版第五套人民币1元纸币规格、主图案、主色调、“中国人民银行”行名、国徽、盲文面额标记、汉语拼音行名、民族文字等要素不变，提高了票面色彩鲜亮度，优化了票面结构层次与效果，提升了整体防伪性能。

2019年版第五套人民币50元、20元、10元、1元纸币调整正面毛泽东头像、装饰团花、横号码、背面主景和正背面面额数字的样式，增加正面左侧装饰纹样，取消正面右侧凹印手感线和背面右下角局部图案，票面年号改为“2019年”。

2020年11月5日，中国人民银行发行了2020年版第五套人民币5元纸币，与同面额流通人民币等值流通。2020年版第五套人民币5元纸币保持2005年版第五套人民币5元纸币规格、主图案、主色调、“中国人民银行”行名、国徽、盲文面额标记、汉语拼音行名、民族文字等要素不变，优化了票面结构层次与效果，提升了整体防伪性能。

3.1.2 人民币的基本知识

人民币的主币单位为元（圆）（人民币元Renminbi Yuan，简写为RMB，以￥为符号）。人民币辅币单位为角、分，其换算为1元=10角=100分。目前，在市场上流通的人民币共有12种券别：1元、2元、5元、10元、50元、100元；1角、2角、5角；1分、2分、5分。

人民币按制作材料的自然属性划分为纸币（亦称钞票）和金属币（亦称硬币），它们之间等价流通，执行价值尺度、流通手段、支付手段等职能。

人民币是我国社会主义政权的象征，在一定程度上代表着国家金融的形象，因此，爱护人民币，正确使用人民币是我们每个中国公民的义务和责任，任何有破坏行为者将负法律责任。我国法律规定：国内只能以人民币作为商业流通结算货币，不得使用任何外币结算。中国人民银行是国家管理人民币的主管机关。

3.1.3 收银员对待人民币应注意的事项

收银员在结算过程中，对人民币的收付应注意以下事项：

（1）收付人民币要平铺整理，不要揉折或撕毁纸币，不得在金属币上凿字、打眼、锤击、折弯等，以免变形或受损。

（2）不得在人民币上乱涂、乱画、乱写和乱盖印记。

（3）收银时应保证双手与台面上无污染物质，以免弄脏。

（4）防止化学品对人民币的侵蚀，不得将肥皂、洗涤剂或其他化学试剂与人民币存放在一起。

（5）用收银机收银时应注意避免折损人民币。

（6）对不宜继续使用的残缺人民币要及时粘补，随时到银行办理兑换。

3.2 第五套人民币鉴别技能和方法

3.2.1 第五套人民币的主要特点

与前四套人民币相比，第五套人民币具有如下特点：

（1）它是由中国人民银行首次完全独立设计与印制的货币。

（2）它的主景人物、水印、面额数字均较以前几套人民币放大，便于群众识别。

（3）它在票幅尺寸上进行了调整，票幅宽度未变，长度缩小。

（4）它的面额结构在前四套人民币的基础上进行了调整，取消了2元券和2角券，增加了20元券。

（5）它采用了先进的科学技术，在防伪性能和适应货币处理现代化方面有了较大提高。

3.2.2 第五套人民币的防伪特征

1）第五套人民币100元纸币

（1）票面特征。主色调为红色，票幅长155毫米、宽77毫米。票面正面主景为毛泽东头像，左侧为“中国人民银行”行名、阿拉伯数字“100”、面额“壹佰圆”和椭圆形花卉图案。票面左上角为中华人民共和国国徽图案，票面右下角为盲文面额标记，票面正面印有双色异形横号码。票面背面主景为人民大会堂，左侧为人民大会堂内圆柱图案。票面右上方为“中国人民银行”的汉语拼音字母和蒙、藏、维、壮四种民族文字的“中国人民银行”字样和面额。

（2）防伪特征。

① 固定人像水印：位于正面左侧空白处，迎光透视，可见与主景人像相同，立体感很强。

② 红、蓝彩色纤维（1999年版独有，2005年版取消）：在票面的空白处，可看到纸张中有红色、蓝色纤维。

③ 磁性微文字安全线（2005年版全息磁性开窗安全线）：票面背面中间偏右，有一条安全线，迎光观察，可见“RMB100”缩微文字。2005年版开窗（开窗安全线，指局部埋入纸张中，局部裸露在纸面上的一种安全线），开窗部分可以看到由缩微字符“￥100”组成的全息图案，仪器检测有磁性。

④ 手工雕刻头像：正面主景毛泽东头像，采用手工雕刻凹版印刷工艺，形象逼真、传神、凹凸感强，易于识别。

⑤ 隐性面额数字：正面右上方有一椭圆形装饰性图案，将票面置于与眼睛接近平行的位置，面对光源作平面旋转45度或90度，即可看到面额“100”字样。

⑥ 胶印缩微文字：正面上方椭圆形图案中，多处印有胶印缩微文字，在放大镜下可看到“RMB”和“RMB100”字样。

⑦ 光变油墨面额数字：正面左下方“100”字样，于票面垂直角度观察为绿色，倾斜一定角度则变为蓝色。

⑧ 阴阳互补对印图案：票面正面左下方和背面右下方均有圆形局部图案，迎光观察，正背图案重合并组成一个完整的古钱币图案。

⑨ 雕刻凹版印刷：正面主景毛泽东头像、中国人民银行行名、盲文及背面主景人民大会堂等均采用雕刻凹版印刷。

⑩ 横竖双号码（双色异形横号码）：1999年版正面采用横竖双号码印刷（均为两位冠数、八位号码），横号码为墨色，竖号码为蓝色。2005年版改为双色异形横号码，位于票面正面左下角左侧部分为暗红色，右侧部分为黑色，字符由中间向左右两边逐渐变小。

⑪白水印：位于正面双色异形横号码下方，迎光透视，可以看到透光性很强的水印“100”字样。

⑫凹印手感线（1999年版无）：2005年版的正面主景图案右侧，有一组自上而下规则排列的线纹，采用雕刻凹版印刷工艺印制，用手指触摸，有极强的凹凸感。

⑬凹印缩微文字：在票面背面下方用雕刻凹印印有“RMB100”和“人民币”缩微文字，在大面额数字“100”中印有“100”缩微文字。

⑭凹印接线印刷：票面正面左侧面额“100”字样采用雕刻凹版印刷，紫色和红色两种墨色对接完整。

⑮胶印接线印刷：票面正面左侧中国传统图案由线条组成。每根线条呈现出两种以上不同的色彩，不同色彩之间对接完整。

⑯无色荧光油墨印刷图案：票面正面行名下方胶印底纹处，在特定波长的紫外光下可以看到面额“100”字样，该图案采用无色荧光油墨印刷，可供机读。

⑰无色荧光纤维：在特定波长的紫外光下可以看到纸张中有不规则分布的黄色和蓝色荧光纤维。

⑱有色荧光油墨印刷图案：票面背面主景上方椭圆形图案中的红色纹路，在特定波长的紫外光下显现橘黄色荧光图案。

⑲磁性号码：用特定的磁性检测仪检测，双色异形横号码（2005年版）有磁性，可供机读。

⑳专用纸张：2005年版第五套人民币100元纸币纸张采用特种原料，运用中性抄纸技术，由专用抄造设备抄制，在紫外灯下无荧光反应。

㉑特种标记：票面正面行名下方无色荧光油墨印刷图案，增加特种标记，可供机读。

（3）2015年版的票面特征。

在保持2005年版第五套人民币100元纸币尺寸规格、正背面主图案、主色调、“中国人民银行”行名、国徽、盲文和汉语拼音行名、民族文字等不变的前提下，2015年版第五套人民币100元纸币对部分图案做了适当调整，对整体防伪性能进行了提升。

正面图案调整：

① 取消了票面右侧的凹印手感线、隐形面额数字和左下角的光变油墨面额数字。

② 票面中部增加了光彩光变数字，票面右侧增加了光变镂空开窗安全线和竖号码。

③ 票面右上角面额数字由横排改为竖排，并对数字样式做了调整；中央团花图案中心花卉色彩由橘红色调整为紫色，取消花卉外淡蓝色花环，并对团花图案、接线形式做了调整；胶印对印图案由古钱币图案改为面额数字“100”，并由票面左侧中间位置调整至左下角。

背面图案调整：

① 取消了全息磁性开窗安全线和右下角的防复印标记。

② 减少了票面左右两侧边部胶印图纹，适当留白；胶印对印图案由古钱币图案改为面额数字“100”，并由票面右侧中间位置调整至右下角；面额数字“100”上半部颜色由深紫色调整为浅紫色，下半部由大红色调整为橘红色，并对线纹结构进行了调整；票面局部装饰图案色彩由蓝、红相间调整为紫、红相间；左上角、右上角面额数字样式均做了调整。

③ 年份调整为“2015年”。

防伪特征：

① 光变镂空开窗安全线，位于票面正面右侧。垂直票面观察，安全线呈品红色；与票面成一定角度观察，安全线呈绿色；透光观察，可见安全线中正反交替排列的镂空文字“￥100”。

② 光彩光变数字，位于票面正面中部。垂直票面观察，数字以金色为主；平视观察，数字以绿色为主。随着观察角度的改变，数字颜色在金色和绿色之间交替变化，并可见到一条亮光带上下滚动。

③ 人像水印，位于票面正面左侧空白处。透光观察，可见立体感很强的毛泽东头像。

④ 胶印对印图案，票面正面左下方和背面右下方均有面额数字“100”的局部图案。透光观察，正背面图案组成一个完整的面额数字“100”。

⑤ 横竖双号码，票面正面左下方采用横号码，其冠字和前两位数字为暗红色，后六位数字为黑色，右侧竖号码为蓝色。其冠字和号码数字完全相同。

⑥ 白水印，位于票面正面横号码下方。透光观察，可以看到透光性很强的水印面额数字“100”。

⑦ 雕刻凹印，票面正面毛泽东头像、国徽、“中国人民银行”行名、右上角面额数字、盲文及背面人民大会堂等均采用雕刻凹印印刷，用手指触摸有明显的凹凸感。

2）第五套人民币50元纸币

（1）票面特征。

票面主色调为绿色，票幅长150毫米、宽70毫米。正面主景为毛泽东头像，左侧为“中国人民银行”行名、阿拉伯数字“50”、面额“伍拾圆”和花卉图案，左上角为中华人民共和国国徽图案，右下角为盲文面额标记，票面正面印有横竖双号码。背面主景为布达拉宫，右上方为“中国人民银行”汉语拼音字母和蒙、藏、维、壮四种民族文字的“中国人民银行”字样和面额。

（2）防伪特征。

① 固定人像水印：位于正面左侧空白处，迎光透视，可见与主景人像相同、立体感强的毛泽东头像水印。

② 红、蓝彩色纤维（1999年版独有，2005年版取消）：在票面的空白处，可看到纸张中有红色、蓝色纤维。

③ 磁性微文字安全线（2005年版全息磁性开窗安全线）：票面背面中间偏右，有一条安全线，迎光观察，可见“RMB50”缩微文字。2005年版开窗，开窗部分可以看到由缩微字符“￥50”组成的全息图案，仪器检测有磁性。2019年版取消了背面全息磁性开窗安全线，采用了动感光变镂空开窗安全线，位于票面正面右侧。改变钞票观察角度，安全线颜色在红色和绿色之间变化，亮光带上下滚动，透光观察可见“¥50”。

④ 手工雕刻头像：正面主景毛泽东头像，采用手工雕刻凹版印刷工艺，形象逼真、传神、凹凸感强，易于识别。

⑤ 隐性面额数字：正面右上方有一椭圆形装饰性图案，将票面置于与眼睛接近平行的位置，面对光源作平面旋转45度或90度，即可看到面额“50”字样。2019年版取消了右侧凹印隐形面额数字。

⑥ 胶印缩微文字：正面上方椭圆形图案中，多处印有胶印缩微文字，在放大镜下可看到“RMB”和“RMB50”字样。

⑦ 光变油墨面额数字：正面左下方“50”字样，与票面垂直角度观察为金色，倾斜一定角度则变为绿色。2019年版取消了正面左下角光变油墨面额数字。

⑧ 阴阳互补对印图案：票面正面左下方和背面右下方均有圆形局部图案，迎光观察，正背图案重合并组成一个完整的古钱币图案。

⑨ 雕刻凹版印刷：正面主景毛泽东头像、中国人民银行行名、装饰团花、右上角面额数字、盲文及背面主景人民大会堂等均采用雕刻凹版印刷，用手指触摸有明显凹凸感。

⑩ 横竖双号码（双色异形横号码）：1999年版正面采用横竖双号码印刷（均为两位冠数、八位号码），横号码为黑色，竖号码为红色。2005年版改为双色异形横号码，位于票面正面左下角左侧部分为暗红色，右侧部分为黑色，字符由中间向左右两边逐渐变小。

⑪白水印：位于正面双色异形横号码下方，迎光透视，可以看到透光性很强的水印“50”字样。

⑫凹印手感线（1999年版和2019年版无）：2005年版的正面主景图案右侧，有一组自上而下规则排列的线纹，采用雕刻凹版印刷工艺印制，用手指触摸，有极强的凹凸感。

⑬凹印缩微文字：在票面背面下方用雕刻凹印印有“RMB50”和“人民币”缩微文字，在大面额数字“50”中印有反白的凹印缩微文字“50”字样。

⑭凹印接线印刷：票面正面中间偏左及背面左下角面额数字“50”字样，采用雕刻凹版印刷，紫色和绿色两种颜色对接完整。

⑮胶印接线印刷：票面正面左侧中国传统图案由线条组成。每根线条呈现出两种以上不同的色彩，不同色彩之间对接完整。2019年版为胶印对印图案。票面正面左下角和背面右下角均有面额数字“50”的局部图案。透光观察，正背面图案组成一个完整的面额数字“50”。

⑯无色荧光油墨印刷图案：票面正面行名下方胶印底纹处，在特定波长的紫外光下可以看到面额“50”字样，该图案采用无色荧光油墨印刷，可供机读。

⑰无色荧光纤维：在特定波长的紫外光下可以看到纸张中有不规则分布的黄色和蓝色荧光纤维。

⑱有色荧光油墨印刷图案：票面背面主景上、下方胶印图案中的黄绿色线纹，在特定波长的紫外光下显现黄色荧光图案。

⑲磁性号码：用特定的磁性检测仪检测，双色异形横号码（2005年版）有磁性，可供机读。

⑳专用纸张：2005年版第五套人民币50元纸币纸张采用特种原料，运用中性抄纸技术，由专用抄造设备抄制，在紫外灯下无荧光反应。

㉑特种标记：票面正面行名下方无色荧光油墨印刷图案，增加特种标记，可供机读。

3）第五套人民币20元纸币

（1）票面特征。

票面主色调为棕色，票幅长145毫米、宽70毫米。票面正面主景为毛泽东头像，左侧为“中国人民银行”行名、阿拉伯数字“20”、面额“贰拾圆”和花卉图案，票面左上方为中华人民共和国国徽图案，左下方印有双色横号码，右下方为盲文面额标记。票面背面主景为桂林山水，票面右上方为“中国人民银行”汉语拼音字母和蒙、藏、维、壮四种民族文字的“中国人民银行”字样和面额。

（2）防伪特征。

① 固定花卉水印：位于票面正面左侧空白处，迎光透视，可见立体感很强的荷花水印。2019年版提升了水印清晰度和层次效果。

② 全息磁性开窗安全线：票面背面中间偏右，有一条开窗安全线，开窗部分可

以看到由缩微字符“￥20”组成的全息图案，仪器检测有磁性。2019年版取消了正面中部全息磁性开窗安全线、采用光变镂空开窗安全线，位于票面正面右侧。改变钞票观察角度，安全线颜色在红色和绿色之间变化，透光观察可见“¥20”。

③ 手工雕刻头像：正面主景为毛泽东头像，采用手工雕刻凹版印刷工艺，形象逼真传神、凹凸感强，易于识别。

④ 隐性面额数字：正面右上方有一椭圆形装饰性图案，将票面置于与眼睛接近平行的位置，面对光源作平面旋转45度或90度，即可看到面额“20”字样。2019年版取消了右侧凹印隐形面额数字。

⑤ 胶印缩微文字：票面正面右侧和下方及背面图案中，多处印有胶印缩微文字，在放大镜下可看到“RMB20”字样。

⑥ 阴阳互补对印图案：票面正面左下方和背面右下方均有圆形局部图案，迎光观察，正背图案重合并组成一个完整的古钱币图案。

⑦ 雕刻凹版印刷：正面的中国人民银行行名、面额数字、盲文面额标记等均采用雕刻凹版印刷，用手指触摸有明显凹凸感。

⑧ 双色横号码：票面正面采用双色横号码（两位冠字、八位号码）印刷。号码左半部分为红色，右半部分为黑色。

⑨ 白水印：位于正面双色异形横号码下方，迎光透视，可以看到透光性很强的水印“20”字样。

⑩ 凹印手感线：正面主景图案右侧，有一组自上而下规则排列的线纹，采用雕刻凹版印刷工艺印制，用手指触摸，有极强的凹凸感。2019年版取消了手感线图案。

⑪凹印缩微文字：在正面右上方装饰图案中印有凹印缩微文字，在放大镜下，可看到“RMB20”字样。

⑫凹印接线印刷：票面正面左侧面额“20”字样采用雕刻凹版印刷，棕色和紫色两种墨色对接完整。

⑬胶印接线印刷：票面正面左侧中国传统图案由线条组成。每根线条呈现出两种以上不同的色彩，不同色彩之间对接完整。

⑭胶印对印图案：2019年版由古钱币对印图案调整为面额数字对印图案。票面正面左下角和背面右下角均有面额数字“20”的局部图案，透光观察，正背面图案组成一个完整的面额数字“20”。

⑮无色荧光油墨印刷图案：票面正面行名下方胶印底纹处，在特定波长的紫外灯下可以看到面额“20”字样，该图案采用无色荧光油墨印刷，可供机读。

⑯无色荧光纤维：在特定波长的紫外光下可以看到纸张中有不规则分布的黄色和蓝色荧光纤维。

⑰有色荧光油墨印刷图案：钞票背面中间，在特定波长的紫外光下显现绿色荧光图案。

⑱磁性号码：用特定的磁性检测仪检测，双色异形横号码有磁性，可供机读。

⑲专用纸张：2005年版第五套人民币20元纸币纸张采用特种原料，运用中性抄纸技术，由专用抄造设备抄制，在紫外灯下无荧光反应。

⑳特种标记：票面正面行名下方无色荧光油墨印刷图案，增加特种标记，可供机读。

4）第五套人民币10元纸币

（1）票面特征。

票面主色调为蓝黑色，票幅长140毫米、宽70毫米。正面主景为毛泽东头像，左侧为“中国人民银行”行名、阿拉伯数字“10”、面额“拾圆”和花卉图案，左上角为中华人民共和国国徽，左下角印有双色横号码，右下方为盲文面额标记。背面主景为长江三峡，右上方为“中国人民银行”汉语拼音字母和蒙、藏、维、壮四种民族文字的“中国人民银行”字样和面额。

（2）防伪特征。

① 固定花卉水印：位于票面正面左侧空白处，迎光透视，可见立体感很强的月季花水印。2019年版提升了水印清晰度和层次效果。

② 全息磁性开窗安全线：正面中间偏左，有一条开窗安全线，开窗部分可以看到由缩微字符“￥10”组成的全息图案，仪器检测有磁性。2019年版取消了正面中部全息磁性开窗安全线，采用光变镂空开窗安全线，位于票面正面右侧，改变钞票观察角度，安全线颜色在红色和绿色之间变化，透光观察可见“¥10”。

③ 手工雕刻头像：正面主景为毛泽东头像，采用手工雕刻凹版印刷工艺，形象逼真传神、凹凸感强，易于识别。

④ 隐性面额数字：正面右上方有一椭圆形装饰性图案，将票面置于与眼睛接近平行的位置，面对光源作平面旋转45度或90度，即可看到面额“10”字样。2019年版取消了右侧凹印隐形面额数字。

⑤ 胶印缩微文字：票面正面右侧和下方及背面图案中，多处印有胶印缩微文字，在放大镜下可看到“RMB10”字样。

⑥ 阴阳互补对印图案：票面正面左下方和背面右下方均有圆形局部图案，迎光观察，正背图案重合并组成一个完整的古钱币图案。

⑦ 雕刻凹版印刷：正面主景毛泽东头像、中国人民银行行名、装饰团花、面额数字、盲文面额标记和背面主景长江三峡图案等均采用雕刻凹版印刷，用手指触摸有明显凹凸感。

⑧ 双色横号码：票面正面采用双色横号码（两位冠字、八位号码）印刷。号码左半部分为红色，右半部分为黑色。

⑨ 白水印：位于正面双色异形横号码下方，迎光透视，可以看到透光性很强的水印“10”字样。

⑩ 凹印手感线：正面主景图案右侧，有一组自上而下规则排列的线纹，采用雕

刻凹版印刷工艺印制，用手指触摸，有极强的凹凸感。2019年版取消了手感线图案。

⑪凹印缩微文字：在正面右上方装饰图案中印有凹印缩微文字“RMB10”字样，背面主景下方印有凹印缩微文字“RMB10”和“人民币”字样，背面左下角面额数字“10”中印有反白的凹印缩微文字“10”字样。

⑫凹印接线印刷：正面中间偏左和背面左下角面额数字“10”字样，采用雕刻凹版印刷，浅棕和蓝黑两种颜色对接完整。

⑬胶印接线印刷：票面正面左侧中国传统图案由线条组成。每根线条呈现出两种以上不同的色彩，不同色彩之间对接完整。

⑭胶印对印图案。2019年版由古钱币对印图案调整为面额数字对印图案。票面正面左下角和背面右下角均有面额数字“10”的局部图案。透光观察，正背面图案组成一个完整的面额数字“10”。

⑮无色荧光油墨印刷图案：票面正面行名下方胶印底纹处，在特定波长的紫外光下可以看到面额“10”字样，该图案采用无色荧光油墨印刷，可供机读。

⑯无色荧光纤维：在特定波长的紫外光下可以看到纸张中有不规则分布的黄色和蓝色荧光纤维。

⑰有色荧光油墨印刷图案：背面土黄色胶印图纹，在特定波长的紫外光下显现黄色荧光图案。

⑱磁性号码：用特定的磁性检测仪检测，双色异形横号码有磁性，可供机读。

⑲专用纸张：2005年版第五套人民币10元纸币纸张采用特种原料，运用中性抄纸技术，由专用抄造设备抄制，在紫外灯下无荧光反应。

⑳特种标记：票面正面行名下方无色荧光油墨印刷图案，增加特种标记，可供机读。

5）第五套人民币5元纸币

（1）票面特征。

票面主色调为紫色，票幅长135毫米、宽63毫米。正面主景为毛泽东头像，左侧为“中国人民银行”行名、阿拉伯数字“5”、面额“伍圆”和花卉图案，左上角为中华人民共和国国徽，左下角印有双色横号码，右下角为盲文面额标记。背面主景为泰山，右上方为“中国人民银行”汉语拼音字母和蒙、藏、维、壮四种民族文字的“中国人民银行”字样和面额。

（2）防伪特征如下。

① 固定花卉水印：位于票面正面左侧空白处，迎光透视，可见立体感很强的水仙花水印。

② 全息磁性开窗安全线：正面中间偏左，有一条开窗安全线，开窗部分可以看到由缩微字符“￥5”组成的全息图案，仪器检测有磁性。

③ 手工雕刻头像：正面主景为毛泽东头像，采用手工雕刻凹版印刷工艺，形象

逼真传神、凹凸感强，易于识别。

④ 隐性面额数字：正面右上方有一椭圆形装饰性图案，将票面置于与眼睛接近平行的位置，面对光源作平面旋转45度或90度，即可看到面额“5”字样。

⑤ 胶印缩微文字：正面上方胶印图案中，多处印有胶印缩微文字，在放大镜下可看到“RMB5”字样。

⑥ 阴阳互补对印图案：票面正面左下方和背面右下方均有圆形局部图案，迎光观察，正背图案重合并组成一个完整的古钱币图案。

⑦ 雕刻凹版印刷：正面中国人民银行行名、面额数字、盲文面额标记等均采用雕刻凹版印刷，用手指触摸有明显凹凸感。

⑧ 双色横号码：票面正面采用双色横号码（两位冠字、八位号码）印刷。号码左半部分为红色，右半部分为黑色。

⑨ 白水印：位于正面双色异形横号码下方，迎光透视，可以看到透光性很强的水印“5”字样。

⑩ 凹印手感线：正面主景图案右侧，有一组自上而下规则排列的线纹，采用雕刻凹版印刷工艺印制，用手指触摸，有极强的凹凸感。

⑪凹印缩微文字：在正面右上方装饰图案中印有凹印缩微文字，在放大镜下可看到“RMB5”字样。

⑫凹印接线印刷：正面中间偏左及背面左下角面额数字“5”字样，采用雕刻凹版印刷，紫色和红色、紫色和蓝色分别对接完整。

⑬胶印接线印刷：票面正面左侧中国传统图案由线条组成。每根线条呈现出两种以上不同的色彩，不同色彩之间对接完整。

⑭无色荧光油墨印刷图案：票面正面行名下方胶印底纹处，在特定波长的紫外光下可以看到面额“5”字样，该图案采用无色荧光油墨印刷，可供机读。

⑮无色荧光纤维：在特定波长的紫外光下可以看到纸张中有不规则分布的黄色和蓝色荧光纤维。

⑯有色荧光油墨印刷图案：钞票背面中间，在特定波长的紫外光下显现绿色荧光图案。

⑰磁性号码：用特定的磁性检测仪检测，双色异形横号码有磁性，可供机读。

⑱专用纸张：2005年版第五套人民币5元纸币纸张采用特种原料，运用中性抄纸技术，由专用抄造设备抄制，在紫外灯下无荧光反应。

⑲特种标记：票面正面行名下方无色荧光油墨印刷图案，增加特种标记，可供机读。

2020年版第五套人民币5元纸币正面中部面额数字调整为光彩光变面额数字“5”，左下角和右上角局部图案调整为凹印对印面额数字与凹印对印图案。左侧增加装饰纹样，调整面额数字白水印的位置，调整左侧花卉水印、左侧横号码、中部装饰团花、右侧毛泽东头像的样式。取消中部全息磁性开窗安全线和右侧凹印手感线。背面左上角和右下角局部图案调整为凹印对印面额数字与凹印对印图案，调整主景、面额数字的样式，票面年号改为“2020年”。

6）第五套人民币1元纸币

（1）票面特征

主色调为橄榄绿色，票幅长130毫米、宽63毫米。正面主景为毛泽东头像，左侧为“中国人民银行”行名、阿拉伯数字“1”、面额“壹圆”和花卉图案，左上角为中华人民共和国国徽图案，左下角印有双色横号码，右下角为盲文面额标记。背面主景为西湖图案，左下方印有面额“1YUAN”，右上方为“中国人民银行”汉语拼音字母和蒙、藏、维、壮四种民族文字的“中国人民银行”字样和面额。

（2）防伪特征

① 固定花卉水印：位于正面左侧空白处，迎光透视，可以看到立体感很强的兰花水印。2019年版提升了花卉水印清晰度和层次效果。

② 手工雕刻头像：正面主景毛泽东头像，采用手工雕刻凹版印刷工艺，形象逼真、传神，凹凸感强，易于识别。

③ 隐形面额数字：正面右上方有一装饰图案，将票面置于与眼睛接近平行的位置，面对光源作上下倾斜晃动，可看到面额数字“1”字样。2019年版取消了正面右侧凹印隐形面额数字和手感线图案。

④ 胶印缩微文字：背面下方胶印图案中，印有缩微文字“人民币”和“RMB1”字样。

⑤ 雕刻凹版印刷：正面主景毛泽东头像、“中国人民银行”行名、面额数字、盲文面额标记等均采用雕刻凹版印刷，用手指触摸有明显凹、凸感。

⑥ 双色横号码：正面印有双色横号码，左侧部分为红色，右侧部分为黑色。

⑦ 白水印：2019年版增加了白水印，位于票面正面左侧下方。透光观察，可见面额数字“1”。

7）第五套人民币1元、5角、1角硬币

第五套人民币1元、5角、1角硬币三款硬币具有不同的特征。

（1）1元硬币的特征。1元硬币的材质为钢芯镀镍。1元硬币呈圆形，直径25毫米，2019年版直径由25毫米调整为22.25毫米。正面上部环有“中国人民银行”字样，中下部为“1元”和汉语拼音字母“YI YUAN”字样，下部环有铸造年份。背面主景为菊花图案，上面有中国人民银行的汉语拼音字母“ZHONGGUO RENMIN YINHANG”。

（2）5角硬币的特征。5角硬币的材质为钢芯镀铜合金，色泽为金黄色。2019年版材质由钢芯镀铜合金调整为钢芯镀镍，色泽由金黄色改为镍白色。5角硬币呈圆形，2019年版正、背面内周缘由圆形调整为多边形。直径20毫米，正面上部环有“中国人民银行”字样，中下部为“5角”和汉语拼音字母“WU JIAO”字样，下部环有铸造年份。背面主景为荷花图案，上面有中国人民银行的汉语拼音字母

“ZHONGGUO RENMIN YINHANG”。

（3）1角硬币的特征。1999年版1角硬币的材质为铝锌合金，色泽为铝白色，从2005年开始由铝锌合金改为不锈钢。1角硬币呈圆形，2019年版正面边部增加圆点，直径19毫米，正面上部环有“中国人民银行”字样，中下部为“1角”和汉语拼音“YI JIAO”字样，下部环有铸造年份。背面主景为兰花图案，上部环有中国人民银行的汉语拼音字母“ZHONGGUO RENMIN YINHANG”。

3.3　真假钞的鉴别

商场、超市等零售场所是假币使用者活动的主要场所。作为收银员，每天要收取大量的现金，难免会遇到假币。所以，只有及时发现假币，才能有效防止企业经济损失。这就要求收银员掌握识别真假货币的专业技能，练就一双识别真假钞的“火眼金睛”。

微视频：第五套人民币防伪指南

3.3.1　假币、伪币的种类

假人民币主要是指仿真人民币纸张、图案、水印、安全线等原样，利用各种手段非法制作的假币。综合各种人民币假币的主要特征和制作手段，一般可以归纳为伪造和变造两大类。

1）伪造币

伪造币是指仿造真币的图案、形状、色彩等，采取各种手段制作的假货币。

伪造币的种类及特征如下：

（1）机制胶印假币：利用现代化的制版印刷设备伪造的假币，这类假币伪造质量高、数量多，极其容易扩散，危害性最大，是反假货币最主要的目标。但是，此类假币水印大多是印上去的，不在纸内而加盖在表面且模糊不清，不用透光就可看见；其纸张在紫外灯下会发出荧光，其线条多为网点结构；其安全线多是用黄色油墨印于表面。

（2）拓印假币：纸质较差，由三层纸粘贴，中间层有手工描绘水印，正背两面纸质较薄、色暗、无光泽，油墨少而淡，在紫外灯下呈强烈荧光反应。图案像是水洗过似的，具有一定的欺骗性。

（3）复印假币（黑白复印、彩色复印、激光复印等）：纸质为复印机专用纸，弹性差，手感光滑，票面线条一般不光洁整齐，正反面出现色差；用放大镜观察会发现有毛边，而且空白的位置有少量的墨粉；水印用白色油墨加盖在背面；在紫外灯下有强烈荧光反应；冠字号码多是加印而成的。

（4）石、木、塑料版印制假币：制版的材料很低劣，属手工刻板，人像、图案粗糙、失真，水印多为描绘；纸张是市场上常见的书写纸和普通的胶版纸；颜料也是市场上常见的绘画颜料，因而造出来的假币质量很差，比较容易识别。

（5）蜡板油印假币：分为手工刻印和誊印。主要采用蜡纸进行刻印或通过电子扫描制成蜡版，然后油印而成。其主要特征为：纸质无弹性，为正反两面黏合而成；手工描绘水印，失真较明显；油墨无光泽，颜色暗淡；在紫外灯下呈荧光反应等。

（6）照相版假币：纸面光滑，纸质无弹性；人像、图案无立体感；无底纹线，墨色有色差，手工描绘水印，失真较明显。

（7）手工描绘假币：用木刻后手工修饰；仿照人民币图案绘画、着色，人像、图案失真较明显，在紫外灯下呈荧光反应。由于加工烦琐，数量不大，在市场上这种纯手工绘制的假币很少见。

（8）剪制假币：主要通过书报杂志上印有人民币图案剪制下来的假钞，纸张异于真币。

（9）铸造假币：主要是指伪造的金属货币。

随着激光排版、电子分色制版、计算机扫描分色制版和彩色复印、胶版印刷等高新技术的广泛应用，犯罪分子可能会利用先进技术和设备大量印制假币。有些假币还通过仿制或变造使假币具有了荧光油墨、磁性金属安全线等机读特征。这类假币由于质量较高，比较难以识别，要识别就要掌握其特征。例如，1983年在广东发现的从香港流入的胶版10元券假币；1987年8月在深圳发现的香港版的100元券假币；1991年3月在北京地区发现的胶版100元券假币等。

2）变造币

变造币是指在真币的基础上，利用挖补、揭层、涂改、拼凑、移位、重印等多种方法制作，使原币改变数量、形态，以此实现升值的假币。变造币由于其变造后改变真币的一些特征，一般容易识别。其种类主要有三种：

（1）剪贴变造币。将人民币剪成若干条，每张取出其中一条，数条可接凑一张完整的票面，以少张变多张，从中牟利。其特征为：拼凑出来的钞票纸幅比真币短一截，或花纹不衔接，纸币背面有纸条或叠压粘贴痕迹。

（2）揭面变造币。将人民币先进行一定处理，然后一揭为二，再用白纸进行粘贴，形成一面是真币，另一面是假币的变造币。其特征为：揭张后的纸币比原来的纸币纸质薄、挺度差，因其一面用其他纸张裱糊，只要将票面展开，正反面一看即可发现。

（3）涂改变造币。用消字、消色方法将小面额货币的金额消去，再描绘或刻印成大面额的金额。其特征为：金额部分有涂改或刀刮削的痕迹、疤纹，颜色、图案、尺寸均有别于真币。

3.3.2 假币、伪币的特征

假人民币无论采用何种方式伪造，其与真币总有一定的差异。我们可以从以下几方面总结假币、伪币的特征：

1）固定人像、花卉水印

假钞伪造水印的方法一般有两种：一种是在纸张夹层中涂白色浆料，透光观察水印所在位置的纸张明显偏厚；另一种是在票面上面、反面或正反两面同时使用无色或淡黄色油墨印刷类似的水印图案，图案不透光但清晰可见，立体感较差。

2）红、蓝彩色纤维（1999年版具有，2005年版取消）

假钞使用红、蓝两色油墨印刷一种与真钞的彩色纤维形状近似的细线，用以伪造红、蓝彩色纤维。

3）安全线

假钞伪造安全线的方法有三种：

（1）在钞票表面，用油墨印刷一个线条，用来伪造安全线，仪器检测无磁性特征。

（2）在纸张夹层中放置与安全线等宽的聚酯类线状物，因其与纸张结合较差，极易抽出。安全线上的缩微文字字形粗糙，仪器检测无磁性特征。

（3）伪造开窗安全线，使用双层纸张。在正面的纸张上，对应开窗位置留有断口，使镀有金属反射表面的聚酯类线状物从一个断口伸出，再从另一个断口埋入，用以伪造开窗安全线。安全线与纸张结合较差且无全息图像。

4）隐形面额数字

假钞隐形面额数字是使用无色油墨印刷而成的，图文线条与真券差别较大，而且即使垂直票面观察也可看到。

5）雕刻凹版印刷图案

假钞的正背面主景图案多是细点组成（真币由点、线组成），图案颜色不正、缺乏层次感、明暗过渡不自然。特别是人像目光无神，发丝模糊。图案无凹凸感，也有一部分假币在凹印图案部位涂抹胶水或压痕来模仿凹印效果。

6）光变油墨面额数字

假钞一般使用两种方式伪造光变面额数字：用普通单色油墨平版印刷的，无真券特有的颜色变换特征，用手触及其表面时有凹凸感；使用珠光油墨丝网印刷的，其变色特征与真券有较明显的区别。例如，100元假钞，使用绿色珠光油墨伪造光变面额数字，会有一定的光泽，但其线条粗糙，只有绿色珠光效应，无蓝色特征。

7）胶印、凹印缩微文字

假钞的缩微文字模糊不清，无法分辨。

8）阴阳互补对印图案

假钞的对印图案在迎光透视时，正背面图案重合得不够完整，线条有明显的错位现象。

9）有色、无色荧光图案

在紫外光下，假币要么无色、无荧光图案，要么其颜色及亮度与真券有一定的差别。

10）专用纸张

大部分假钞所使用的纸张在紫外光下会发出较强的蓝色荧光，也有少量假钞纸张荧光较弱或没有荧光。假钞纸张中不含无色荧光纤维。

3.3.3 假币的识别技术

纸币真伪的识别通常采用直观对比（眼看、手摸、耳听，即感官鉴别法）和仪器检测（仪器鉴别法）相结合的方法，即通常所说的“一看、二摸、三听、四测”。

1）眼看法

眼看法就是用眼睛仔细地观察票面的颜色、图案、花纹、水印、安全线等外观情况来分辨人民币的真伪。真币的图案颜色协调，图案、人像层次丰富，富有立体感，人物形象表情传神，色调柔和亮丽；票面中的水印立体感强、层次分明、灰度清晰；安全线牢固地与纸张黏合在一起，并有特殊防伪标记，变换角度观察，光变镂空开窗安全线变色明显；对印图案完整、准确；光彩光变面额数字颜色变化明显；各种线条粗细均匀，直线、斜线、波纹线明晰、光洁。

2）手摸法

手摸法就是依靠手指触摸钞票的感觉来分辨人民币的真伪。真币是采用特种原料，由专用抄造设备抄制的印钞专用纸张印制，其手感光滑、厚薄均匀，坚挺有韧性，且票面上的行名、人像部位、盲文、国徽和主景图案一般采用凹版印刷工艺，用手轻轻触摸有较明显的凹凸感，手感与普通纸感觉不一样。

3）耳听法

耳听法就是通过抖动使钞票发出声响，根据声音来鉴别人民币真伪。人民币是用专用特制纸张印制而成的，具有挺括、耐折、不易撕裂等特点，手持钞票用力抖动、手指轻弹或两手一张一弛轻轻对称抖动钞票，均能发出清脆响亮的声音。而假币纸张发软，偏薄，声音发闷，不耐揉折。

4）测量法

测量法就是借助一些简单工具和专用仪器（包括放大镜、单功能紫外光鉴别仪、磁感应鉴别仪、透射光鉴别仪、多功能鉴别仪等）进行钞票真伪识别的方法。如借助放大6~10倍的放大镜来观察票面线条的清晰度，胶印、凹印缩微文字等；用单功能紫外光鉴别仪的灯光照射钞票，观察有色和无色荧光油墨印刷图案以及纸张中不规则分布的黄、蓝两色荧光纤维；用磁感应鉴别仪检测黑色横号码的磁性；用透射光鉴别仪检查水印和白水印等。在这里需要指出的是，在钞票真伪识别过程中，不能仅凭一点或几点可疑就草率判断真伪，还要考虑到钞票流通中受到的诸多因素影响，进行综合分析。

人民币在流通过程中，随着时间的推移，票面会出现磨损，甚至会受到一些化学物质的污染，从而造成钞票真伪难辨。如流通时间过长，票面磨损严重造成钞票水印不够清晰，钞票凹印的凹凸感会不明显；如钞票碰到强热辐射颜色会改变，遇到酸、碱、有机溶剂、油污等污染，会造成正面光变面额数字失去光变效果，票面的有色、无色荧光图案和纸张中的无色荧光纤维的荧光反应减弱；如钞票被洗衣粉等浸泡后，钞票纸会有荧光反应等。同时，上述因素还有可能造成清分机或验钞机的误判。所以，收银员在进行人民币的真伪鉴别时要充分考虑到各种情况，仔细、耐心地进行识别，以免造成企业和个人的损失。表3-1为纸币真伪识别时可参照的一些要点。

表3-1 **纸币真伪识别参照要点**

	方法	项目	真币	假币
经验类	触觉法	纸张质量	挺括、薄厚适中	薄厚不等，软硬不均，滞涩或过于光滑
		凹版印刷	有凹凸点和盲文点	无凹凸感
	视觉法	花纹、线条、色彩、层次	线条粗细均匀，图案鲜明；颜色协调，层次分明	线条紊乱，有断点，粗细不一；图案层次不清，颜色暗淡
		号码	旧币无重复，新币可能连续	重复
		水印	透光可见	无须透光即可见，模糊变形，无立体感
	听觉法	抖动、指弹	声响清脆	声音沉闷
仪器类	紫外光线	荧光字样	显示	无显示
	磁感应器	荧光字样	显示	无显示
	透射光仪	金属感应	无报警	报警
	透射光仪	水印	透光显示	无透光即显示，图案变形或粗糙
	防伪点钞机	紫外线、磁感应、清点	正常运行	紫外线自动停止并报警

3.4 假钞的处理及残破人民币的兑换方法

3.4.1 假钞的处理

人民币真伪的最终确认机构是银行，同时各单位也有协助银行发现假币、收缴假币的义务；银行收到需要鉴定的货币时，由该金融机构两名以上业务人员当面予以收缴。

超市的收银员在收付现金时发现了可疑货币时，首先应仔细地进行真伪币对比分析。若一时难以确定真伪，可以给予暂扣并给持票人开具临时收据。在收据上列举暂扣货币的面值、号码、张数，准备上缴银行单位名称，并盖上公章，签上暂收人姓名；告诉被暂扣票币的人，凭暂扣证据过几天后到超市查询银行鉴定结果，超市在暂扣可疑货币后应于当日或次日上午交有关银行进行鉴定。如果确认是假币，应予以没收，并把银行出具的货币真伪鉴定书和假币没收收据交给顾客；如果不是假币，应退还给顾客。

收缴假币的金融机构（以下简称“收缴单位”）对假人民币纸币，应当面加盖“假币”字样的戳记；对假外币纸币及各种假硬币，应当面以统一格式的专用袋加封，封口处加盖“假币”字样戳记，并在专用袋上标明币种、券别、面额、张（枚）数、冠字号码、收缴人、复核人名章等细项。收缴单位向持有人出具中国人民银行统一印制的假币收缴凭证，并告知持有人如对被收缴的货币真伪有异议，可向中国人民银行当地分支机构或中国人民银行授权的当地鉴定机构申请鉴定。收缴的假币，不得再交予持有人。

3.4.2 残缺人民币的兑换方法

残缺的人民币不应当继续使用。持有损伤或残缺人民币并符合以下兑换标准者，可向办理现金收付业务的各金融机构营业网点进行兑换，该营业网点不得拒绝兑换。具体规定如下：

1）全额兑换

能辨别面额，票面剩余3/4（含3/4）以上，其图案、文字能按原样连接的残缺、污损人民币，金融机构应向持有人按原面额全额兑换。

2）半额兑换

能辨别面额，票面剩余1/2（含1/2）至3/4以下，其图案、文字能按原样连接的残缺、污损人民币，金融机构应向持有人按原面额的一半兑换。

纸币呈正十字形缺少1/4的，按原面额的一半兑换。

3）不予兑换

（1）票面残缺1/2以上者。

（2）票面污损、熏焦、水湿、油渍、变色严重，不能辨认真假者。

（3）故意挖补、涂改、剪切、拼凑、揭去一面者（属于破坏券，银行应予以没收处理）。

✽知识拓展

残缺污损人民币兑换办法

根据《中华人民共和国中国人民银行法》和《中华人民共和国人民币管理条例》，中国人民银行制定了《中国人民银行残缺污损人民币兑换办法》，经2003年12月15日第20次行长办公会议通过，现予公布，自2004年2月1日起施行。

第一条 为维护人民币信誉，保护国家财产安全和人民币持有人的合法权益，确保人民币正常流通，根据《中华人民共和国中国人民银行法》和《中华人民共和国人民币管理条例》，制定本办法。

第二条 本办法所称残缺、污损人民币是指票面撕裂、损缺，或因自然磨损、侵蚀，外观、质地受损，颜色变化，图案不清晰，防伪特征受损，不宜再继续流通使用的人民币。

第三条 凡办理人民币存取款业务的金融机构（以下简称金融机构）应无偿为公众兑换残缺、污损人民币，不得拒绝兑换。

第四条 残缺、污损人民币兑换分“全额”“半额”两种情况。

（一）能辨别面额，票面剩余四分之三（含四分之三）以上，其图案、文字能按原样连接的残缺、污损人民币，金融机构应向持有人按原面额全额兑换。

（二）能辨别面额，票面剩余二分之一（含二分之一）至四分之三以下，其图案、文字能按原样连接的残缺、污损人民币，金融机构应向持有人按原面额的一半兑换。纸币呈正十字形缺少四分之一的，按原面额的一半兑换。

第五条 兑付额不足1分的，不予兑换；五分按半额兑换的，兑付2分。

第六条 金融机构在办理残缺、污损人民币兑换业务时，应向残缺、污损人民币持有人说明认定的兑换结果。不予兑换的残缺、污损人民币，应退回原持有人。

第七条 残缺、污损人民币持有人同意金融机构认定结果的，对兑换的残缺、污损人民币纸币，金融机构应当面将带有本行行名的“全额”或“半额”戳记加盖在票面上；对兑换的残缺、污损人民币硬币，金融机构应当面使用专用袋密封保管，并在袋外封签上加盖“兑换”戳记。

第八条 残缺、污损人民币持有人对金融机构认定的兑换结果有异议的，经持有人要求，金融机构应出具认定证明并退回该残缺、污损人民币。

持有人可凭认定证明到中国人民银行分支机构申请鉴定，中国人民银行应自申请日起5个工作日内做出鉴定并出具鉴定书。持有人可持中国人民银行的鉴定书及可兑换的残缺、污损人民币到金融机构进行兑换。

第九条 金融机构应按照中国人民银行的有关规定，将兑换的残缺、污损人民币交存当地中国人民银行分支机构。

第十条 中国人民银行依照本办法对残缺、污损人民币的兑换工作实施监督管理。

第十一条 违反本办法第三条规定的金融机构，由中国人民银行根据《中华人民共和国人民币管理条例》第四十二条规定，依法进行处罚。

第十二条 本办法自2004年2月1日起施行。1955年5月8日中国人民银行发布的《残缺人民币兑换办法》同时废止。

不宜流通人民币挑剔标准

不宜流通人民币纸币是指外观、质地、防伪特征受损，变色变形，图案模糊，尺寸、重量发生变化，影响正常流通的人民币纸币。

一、纸币票面缺少面积在20平方毫米以上的。

二、纸币票面裂口2处以上，长度每处超过5毫米的；裂口1处，长度超过10毫米的。

三、纸币票面有纸质较绵软，起皱较明显，脱色、变色、变形，不能保持其票面防伪功能等情形之一的。

四、纸币票面污渍、涂写字迹面积超过2平方厘米的；不超过2平方厘米，但遮盖了防伪特征之一的。

五、硬币有穿孔，裂口，变形，磨损，氧化，文字、面额数字、图案模糊不清等情形之一的。

【职场对接】

号码相同的人民币

临近国庆，这两天逛超市的顾客特别多。收银员姜超正在进行收银结账工作，突然他发现有一位顾客所付的三张10元人民币比较可疑，仔细一看，发现其中两张的人民币号码居然是一样的。姜超立即礼貌地要求该顾客调换，但该顾客不但不换，反而还和姜超争吵了起来。最后，超市的工作人员报了警。经相关金融部门确认，该顾客所持有的三张10元人民币里有两张是假币。据了解，该顾客只记得这三张人民币是自己在买东西时别人找给他的，自己当时并未在意，自己也不知道是假币。

分析：

1.由于顾客粗心大意，忽略了对人民币真假的识别，因此造成了经济损失。所以，每个人都应该时刻警惕假币流入市场。

2.发现可疑货币时的处理方法：

（1）发现可疑货币时，应及时有礼貌地和顾客进行沟通。

（2）通知超市收银值班经理和保卫人员。

（3）将可疑货币及时送到有关银行进行鉴定，并把银行出具的货币真伪鉴定书和假币没收收据（包含假币的面值、号码、收币单位的公章或收款人签字）交给顾客。

3. 注意事项：

（1）在收银工作中要养成认真、严谨的工作习惯。

（2）由于收银工作直接与现金接触，收银员必须熟练掌握真假币的识别方法，活学活用，能够快速、准确地识别假币，阻止假币继续流通。

知识回顾

一、填空题

1. 中华人民共和国的法定货币是________，它的单位是________；它的辅币单位是________、________。

2. 第五套人民币纸币背面右上方印有汉语拼音和________、________、________、________四种少数民族文字的“中国人民银行”字样。

3. 第五套人民币100元纸币票幅长________毫米、宽________毫米。

4. 第五套人民币100元、50元纸币采用了立体感很强的________固定水印。

5. 第五套人民币100元、50元纸币采用的是________安全线，迎光观察，分别可见________、________的字样。

6. 第五套人民币________元、________元、________元纸币采用了阴阳互补对印图案的防伪措施。

7. 2019年版第五套人民币50元纸币由古钱币对印图案调整为________对印图案。

8. 在普通光下，可以看到1999年版第五套人民币的100元、50元纸张表面上不规则分布的________色和________色纤维。

9. 第五套人民币隐形面额数字的观察方法是：将钞票置于与眼睛接近________的位置，面对光源作________度或________度角旋转即可看到。

10. 2019年版第五套人民币20元纸币增加了两个防伪特征，一是________，二是________。

11. 2019年版第五套人民币20元纸币取消了正面中部全息磁性________、右侧凹印________和手感线图案。

12. 2019年版第五套人民币10元纸币采用了立体感很强的________图案的固定水印。

13. 第五套人民币5元纸币安全线的开窗部分可以看见缩微文字________组成的全息图案，仪器检测安全线有________。

14. 第五套人民币1元、5角、1角硬币背面主景图案分别为________花、________花、________花。

15. 到目前为止，中国人民银行已经发行了________套人民币。

16. 对盖有“假币”字样戳记的人民币纸币，经鉴定为假币的，由________予以没收，并向________和持有人开具货币真伪鉴定书和假币没收收据。

17. 纸币真伪的识别通常采用直观对比和仪器检测相结合的方法，即通常所说的________、________、________、________。

18. 我国管理人民币的主管机关是________。

二、判断题

1. 第五套人民币20元纸币背面主景是长江三峡。（　　）
2. 第五套人民币5种面额的纸币在正面行名下方均印有无色荧光图案。（　　）
3. 第五套人民币纸币均采用了胶印接线印刷技术。（　　）
4. 第五套人民币100元、50元、10元和5元纸币采用了凹印缩微文字。（　　）
5. 第五套人民币100元、50元纸币采用了白水印防伪技术。（　　）
6. 印制第五套人民币的专用纸张采用特种原材料，并由专门抄造设备抄制。（　　）
7. 第五套人民币50元、20元、10元纸币的票幅宽度均为70毫米。（　　）
8. 第五套人民币1元硬币的材质为白铜合金。（　　）
9. 伪造的货币是指仿照真币的图案、形状、色彩，并利用挖补、揭层、涂改、拼凑、移位、重印等多种方法制作，使其改变形态的假币。（　　）
10. 金融机构收缴的外币纸币，经鉴定为真币的，由鉴定单位退还持有人；鉴定为假币的，由鉴定单位予以没收。（　　）

三、不定项选择题

1. 第五套人民币各面额纸币上的隐形面额数字在票面的（　　）。

A. 正面左下方　　B. 正面右下方　　C. 正面右上方　　D. 背面左上方

2. 第五套人民币100元、50元和10元纸币上的“阴阳互补对印图案”是（　　）。

A. 花卉　　B. 古钱币　　C. 文字　　D. 人物头像

3. 第五套人民币100元纸币正面（　　）部位是采用雕刻凹版印刷的。

A. 头像　　B. 行名　　C. 国徽　　D. 号码

E. 对印图案　　F. 含隐形面额数字的装饰图案

4. 第五套人民币100元纸币的光变面额数字的颜色变化是由（　　）。

A. 绿变金　　B. 金变绿　　C. 蓝变黄　　D. 绿变蓝

5. 第五套人民币100元纸币安全线包含的防伪措施是（　　）。

A. 缩微文字和荧光　　B. 磁性和荧光

C. 缩微文字和磁性　　D. 全息和缩微文字

6. 鉴别人民币纸币（特别是大面额纸币）最简便的方法之一是“手摸”，真钞表面文字及主要图案有凹凸感，这种“凹凸”效果产生于（　　）印刷方式。

A. 普通胶印　　B. 雕刻凹版　　C. 凸版　　D. 雕刻凸版

7. 第五套人民币10元纸币安全线包含的防伪措施是（　　）。

A. 全息、磁性、开窗　　B. 磁性、荧光、开窗

C. 全息、荧光、开窗　　D. 荧光、开窗

8. 第五套人民币5元纸币的背面主景图案是（　　）。

A. 桂林山水　　B. 泰山　　C. 长江三峡　　D. 布达拉宫

9.第五套人民币5元纸币水印中花卉图案是（　　）。
A.菊花　B.月季花　C.水仙花　D.荷花
10.假币收缴必须遵循（　　）操作程序。
A.两名以上业务人员收缴　B.在持有人视线范围内当面收缴
C.加盖“假币”章或用专用袋加封　D.出具假币收缴凭证
E.向持有人告知其权利　F.将盖章后的假币退还持有人
11.识别假币的方法包括（　　）。
A.看　B.听　C.摸　D.测
12.第五套人民币100元的版次有（　　）。
A.2000年版、2005年版和2015年版　B.1999年版、2000年版和2015年版
C.2000年版、2002年版和2015年版　D.1999年版、2005年版和2015年版
13.目前市场上流通的人民币是（　　）。
A.第一套人民币　B.第二套人民币　C.第三套人民币
D.第四套人民币　E.第五套人民币
14.第五套人民币50元纸币的光变面额数字的颜色变化是由（　　）。
A.绿变金　B.金变绿　C.蓝变黄　D.绿变蓝
15.识别假币时要看（　　）。
A.水印　B.安全线　C.光变油墨
D.票面图案　E.缩微文字
16.造假分子伪造人民币安全线一般有（　　）方式。
A.用油墨在票面上印刷一个线条
B.在纸张夹层中放置与安全线等宽的聚酯类线状物
C.在票面对应开窗位置留有断口，使聚酯类线状物从一个断口伸出，再从另一个断口埋入，用以伪造开窗安全线
D.用荧光笔直接涂上
17.造假分子一般采用（　　）方式伪造人民币的光变面额数字。
A.用彩色笔直接涂上　B.用无色荧光油墨印刷
C.用珠光油墨丝网印刷　D.用普通单色油墨平版印刷
18.第五套人民币100元纸币的（　　）有磁性。
A.横号码　B.竖号码　C.横竖号码　D.微文字安全线
19.第五套人民币50元纸币正面行名下方底纹中，在特定波长的紫外光下可以看到的胶印缩微文字是（　　）。
A.RMB50　B.RBM50　C.50　D.RMB
20.第五套人民币20元纸币背面中间部位在紫外光下显现（　　）色荧光图案。
A.黄　B.绿　C.橘黄　D.红

四、简答题

1. 第五套人民币与前四套人民币相比具有哪些主要特征？

2. 2019年版第五套人民币50元纸币增加了哪几个防伪特征？

3. 对盖有“假币”字样戳记的人民币纸币，在鉴定后如何处理？

4. 2019年版第五套人民币外观与2005年版和1999年版第五套人民币有什么区别？

5. 残缺人民币如何兑换？

6. 2015年版100元纸币与2005年版的100元纸币图案有哪些调整变化？

7. 2015年版100元纸币的防伪特征有哪些？

知识应用

一、训练目标

1. 熟练掌握识别真假币的方法。

2. 能够快速、准确地识别真假币。

二、训练内容

1.将若干张真币和几张假币混在一起为一组（真假币比例可以根据训练情况自行调配），共三组，要求同学在规定时间内（每组测试时间为3分钟）将假币从这三组真假混合币中鉴别出来，并说明辨别的方法。

2.2名同学为一组，1人进行识别真假币训练，1人计时，并将训练情况填入表格（见表3-2），学生可以交替训练。

表3-2　**真假币识别训练记录表**

姓名		学号		
次数	速度得分（10分）	质量得分（90分）	总分（100分）	备注
第一次考核				
第二次考核				
第三次考核				
总平均分				

三、训练方法

模拟实训法和教师讲评法相结合。

四、评价标准

总分为100分，其中速度分10分，质量分90分。速度分：每超过1分钟扣2分，超过3分钟即停止作业，成绩为0。质量分：每组均为30分，鉴别准确得分，鉴别错两组则总成绩为0。

项目四

点钞技术

学习目标

知识目标

1. 了解手工点钞、机器点钞和捆钞的基本方法；
2. 了解点钞的基本程序；
3. 熟悉手工点钞的基本方法。

技能目标

1. 熟练应用不同的手工点钞及捆钞方法；
2. 熟练操作点钞机进行散钞及捆钞整点。

引导案例

一位到城里打工的女孩小李到某商场购买电视机，几经挑选，她看中了一台标价5 200元的电视机，于是拿出积攒了几年的积蓄交给收银员。其中，5 000元纸币包在一张纸里，200元是从钱夹里拿出来的，从1元到100元的各种票面都有。见票面有些零散，收银员不禁小声嘀咕了一句，接着就开始清点钞票。点完一遍后发现数字不对，又开始点第二遍，花了10多分钟才点清，小李有点不耐烦地说："怎么那么慢？"收银员忍不住顺口回答："你嫌慢，我还嫌你的钱零散呢！"两个人你一句我一句地争执起来。最后，小李不高兴地说："我花钱买东西，不是来受气的，这台电视我不买了。"说完，她从收银员手中把钱拿回来就离开了商场。

案例点评：

面对激烈的竞争，各大商场已将"顾客就是上帝"作为营业的基本宗旨，而对于直接面对顾客的收银员来说，提供优质高效的服务则是最基本的岗位要求。收银员面对顾客，既要热情、耐心，又要提高效率。点钞是收银员的基本功，必须做到快捷、准确。本案例中，小李与收银员发生争执的起因是收银员清点钞票的速度较慢，准确率不高，加上态度也不好，导致小李最后取消了购买行为，这样既影响了顾客的消费，同时也影响了商场的销售额。可见，对于收银员来说，具备扎实的点钞技术是非常重要的。

4.1 点钞的基本要求

点钞是指按照一定的方法查清票币的数额，即整理、清点钞票，使收付钞票的数量和质量得到保证的一种方法，又称票币整点。点钞不仅对于金融机构来说很重要，也是所有从事财会、收银工作的人员必备的基本技能。点钞技术的好坏，直接影响工作的效率和质量。

点钞的基本要求有如下几点：

1）坐姿要正确

点钞时坐姿如何，直接影响点钞技术的发挥与提高。正确的坐姿会使肌肉放松，活动自如，动作协调，减轻劳动强度；不正确的坐姿则会造成肌肉僵硬，动作不协调，影响点钞的速度。正确的姿势应该是身体坐直、挺胸、自然放松，两小臂自然地靠在桌子前沿，持票的左手腕部接触桌面，右手腕部稍抬起（如图4-1所示）。

图4-1　点钞坐姿

2）钞票整理要规范

流通中的钞票可能会有破损、弯折现象，所以在清点钞票之前，要将某些破损、纸质太软和不符合要求的钞票挑拣出来，对弯折、折角、揉搓过的钞票要整直、抹平。整齐、平直的钞票有利于点钞的准确性，这是点准钞票的前提。将钞票清理整齐，按券别进行分类，开始进行清点。足100张的同面额的钞票扎成一把；对于不足100张的同面额钞票，应以10张为单位起“叠”，每10张为“一叠”。对于成“叠”的钞票，用纸条捆扎好并将实际金额写在纸条上；对于不成叠的各种券别零散张数，另外用一纸条捆扎好。

3）扇面形成要均匀

在清点前，要把票面打成扇面状，使票面有一个坡度，其间隔距离均匀一致，以便在捻钞过程中不易夹张或漏张。

4）钞票要墩齐

点完一把钞票在进行扎把之前，要把钞票墩齐，卷角要拉平，不露头不藏尾，或呈梯形错开。要达到四条边整齐，以便于扎把。

5）点数要准确

点数是整个点钞的关键，前面的所有环节做得再好，点数不正确则前功尽弃。因此，点数要根据不同的点钞方法采用不同的计数方法，才能做到快速和准确。

4.2 点钞的基本方法

4.2.1 人工点钞法

人工点钞法就是手工点钞法，按照持钞和操作指法的不同，点钞的方法有多种，具体见表4-1。

表4-1 人工点钞法

手持式点钞法	单指点钞法	单指单张点钞法
		单指多张点钞法
	多指点钞法	四指拨动点钞法
		五指拨动点钞法
手按式点钞法	单指点钞法	单指单张点钞法
	多指点钞法	双指双张点钞法
		三指三张点钞法
扇面点钞法	扇面式一指多张点钞法	
	扇面式四指多张点钞法	

下面对各种人工点钞法依次进行介绍。

微视频：超市收银员77秒点钞550张

1）手持式点钞法

（1）手持式单指单张点钞法。手持式单指单张点钞法是最基本的一种点钞方法，适用范围较广。用这种方法点钞，手持面积较小，通过拇指逐张捻点，便于挑出残破钞票和辨别假钞（如图4-2所示）。手持式单指单张点钞法通常用于整点不同新旧、面额的票面。

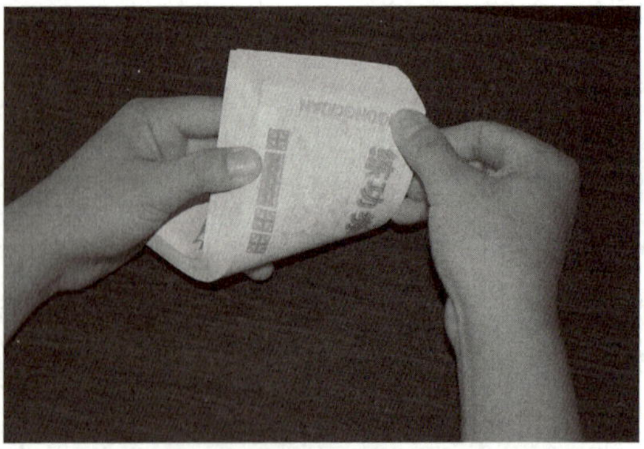

图4-2 手持式单指单张点钞法

手持式单指单张点钞法主要包括清点、计数、挑残、扎把、盖章几个程序。

①清点。用左手持钞，把钞票夹在中指和无名指间，自然弯曲。右手拇指按住钞票正面左侧约1/3处，食指和中指卡住钞票的右侧，将钞票向右上方推，使钞票向下翻转成约90°弧形，打成扇形。左手大拇指按住钞票正面左侧约3/4处，食指伸直顶在钞票背面。持钞定型后，右手拇指蘸水或做捻钞准备。蘸水要适当，过多会使钞票浸湿后不易下张，过少则容易夹张。食指和中指在背面托住部分钞票的右上角，配合大拇指。用右手拇指指尖轻捻钞票的右上角，将钞票从上至下逐张捻动。捻动时，拇指尽量不要抬起，动作不要太大，每捻动一张，无名指在钞票背面往内方向弹拨一次，随着钞票的捻出而向后移动，移动动作要连贯。右手食指在钞票背面适当用力，以利于捻钞时下张均匀。

②计数。主要有以下几种方法：

一是常规计数法。按照“1，2，3，4，5，6，7，8，9，10，11，12，…，100”的顺序，一直数到最后一个数“100”，就是100张。在计数时，比如“32，33，34”，应为“三二，三三，三四”，而不是“三十二，三十三，三十四”，以加快计数的速度。

二是分组计数法。按照“1，2，3，4，5，6，7，8，9，1（即10）；1，2，3，4，5，6，7，8，9，2（即20）；1，2，3，4，5，6，7，8，9，3（即30）；…；1，2，3，4，5，6，7，8，9，10（即100）”的规律，一直数到最后一个数是“10”，就是100张。这种方法是把100个数编成10组，每组都由10个数组成，前面9个数表示张数，最后一个数既表示这一组的第10张，又表示这一组的组数（即第几组）。这样在点数时计数的频率容易吻合，既准确又迅速。

三是按照“1，2，3，4，5，6，7，8，9，10（即10）；2，2，3，4，5，6，7，8，9，10（即20）；3，2，3，4，5，6，7，8，9，10（即30）；…；10，2，3，4，5，6，7，8，9，10（即100）”的规律，一直数到最后一个数“10”，就是100张。这种方法也是把100个数编成10组，每组都由10个数组成，与第二种方法不同的是，前面第一个数表示组数，后面9个数表示张数。

个人可根据自己的习惯，采用不同的方法计数。在点钞计数时，最好不要念出来，用心记。只有心、眼、手密切配合，才能达到既快又准。

③挑残。清点时发现残破钞票，不要当即将钞票抽出，这样容易打断计数。应将钞票向外面拉出一截，将其向外折叠，点完后抽出残破票，再补进好票（如图4-3所示）。

④扎把。扎把的方法有缠绕法和拧结法。缠绕法可进一步细分为内插缠绕法和外压缠绕法。下面分别介绍内插缠绕法、外压缠绕法和拧结法。

A.内插缠绕法。将已墩齐的钞票用左手握住，拇指在票前，中指、无名指、小指在票后，将钞票握紧，用右手中指或食指将票面分开，在票面上端左侧1/3处把扎条一端插入缝内，将钞票握紧，稍有一点凹形。右手用食指、中指将扎条由外向里缠绕2圈半并沿着下侧边向右折45°，掖进捆好的把条中，将钞票按平即可。或在票面下端1/3处把扎条一端插入缝内，将钞票握紧，稍有一点凹形。右手用食指、中指将

图4-3 挑出残破票

扎条由外向里缠绕2圈半并沿着上侧边向右折45°，掖进捆好的把条中，将钞票按平即可（如图4-4所示）。

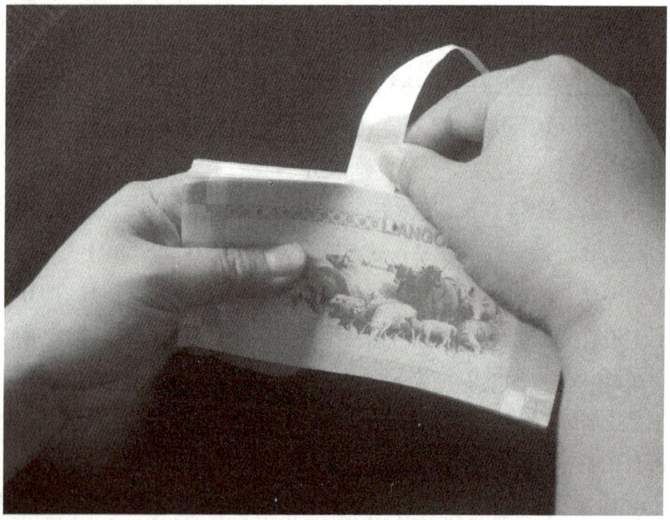

图4-4 内插缠绕法

B.外压缠绕法。将已墩齐的钞票用左手握住，拇指在票前，中指、无名指、小指在票后，将钞票握紧，用右手拇指和食指捏住扎条，留出5厘米长度的扎条在票后，再用左手食指按住扎条。右手用食指、中指将扎条由外向里缠绕2圈半，将扎条一端沿着下侧边向右折45°，掖进捆好的把条中，将钞票按平即可。或留出5厘米长度的扎条在票前，再用左手拇指按住扎条，右手用食指、中指将扎条由里向外缠绕2圈半，将扎条一端沿着下侧边向右折45°，掖进捆好的把条中，将钞票按平即可（如图4-5所示）。

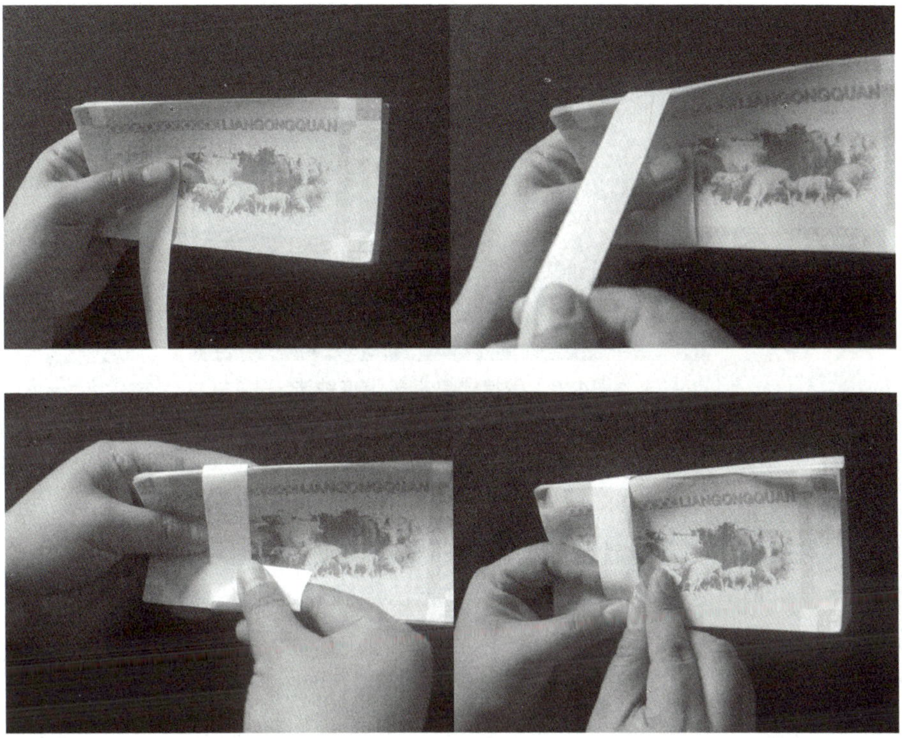

图4-5 外压缠绕法

C.拧结法。左手将已墩齐的钞票横执，拇指在票前，中指、无名指、小指在票后，食指压放在钞票的上侧面，五指稍用力将钞票捏成瓦形；右手将扎条放置在钞票凸面的1/3处，将两扎条头绕到凹面，左手食指、拇指分别按住扎条与钞票厚度交界处；右手拇指、食指夹住其中一端扎条头，中指、无名指夹住另一端扎条头，并合在一起，右手顺时针转180°，左手逆时针转180°，将拇指和食指夹住的那一头从扎条与钞票之间绕过、打结，用食指将扎条掖在凹面斜瓦里，使扎条卡在下部，并将钞票压平即可。

⑤盖章。每扎好一把钞票后，要盖上自己的名章，盖章要清晰，一般盖在捆线上侧。

（2）手持式单指多张点钞法。手持式单指多张点钞法是指用一个手指拨动2张以上的钞票进行计数的方法（如图4-6所示）。这种方法的优点是省力、高效；缺点是一次拨动几张，不易发现残破币和假币。

手持式单指多张点钞法一般分为清点、计数、挑残、扎把和盖章几个程序。

① 清点。持钞的手势与单指单张点钞法一样，捻钞时右手拇指的指尖要超过票面，先用指肚捻第1张（一次点3张则捻第1张、第2张），接着用指尖捻第2张（一次点3张则捻第3张），无名指把捻下的钞票往里弹。

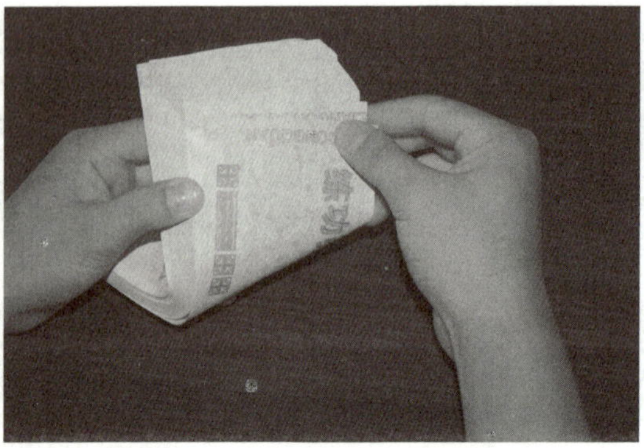

图4-6　手持式单指多张点钞法

② 计数。采用分组计数法。一次点2张，2张为一组，50组即100张。一次点3张，则3张为一组，33组为99张，加1张即为100张。

③ 挑残、扎把、盖章三个程序与手持式单指单张点钞法相同。

（3）手持式四指拨动点钞法。手持式四指拨动点钞法适用于收款、付款整点钞票，其程序与单指单张点钞法相同，点钞的方法除挑残、扎把、盖章相同外，清点和计数方法不同。

①清点。持钞时，用左手持钞，将钞票横握，手指向下，掌心向内，中指指背贴在钞票正面左端，食指、无名指、小指在钞票背面，中指与食指、无名指、小指成“V”形交叉，“V”形口向下，从钞票的上侧边、票面约1/4处插入，将钞票夹住，无名指按在纸条上。然后，以中指为轴并自然弯曲，使中指背面顶住钞票，向外用力；食指、无名指、小指同时向内用力，将钞票弯折成“U”形，“U”形口朝里，使钞票的一侧向外，一侧向里，凸向右边，左手中指和无名指夹住钞票，食指放到钞票外侧，拇指按住钞票的外上角，向里、向下推动，使钞票展开成一个坡形扇面，食指用指尖在侧边管住钞票（如图4-7所示）。

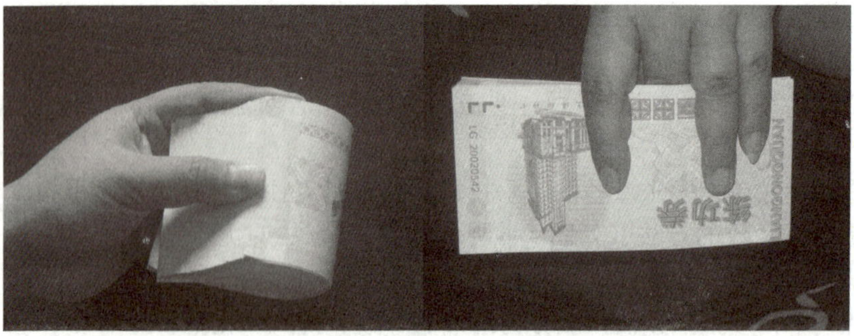

图4-7　手持式四指拨动点钞法

捻钞时，左手持钞在下，右手在上，右手拇指轻轻托住内上角的部分钞票；食指、中指、无名指、小指自然并拢，弯曲成弓形，与大拇指组成“O”形，小指在下，食指在上，四个指尖成一条线；小指先捻下第1张钞票，接着无名指、中指、食指顺序捻动钞票，四指各捻下1张，称为“一手”，一手捻完接着捻第2手、第3手……一直到第25手，即100张捻完（如图4-8所示）。

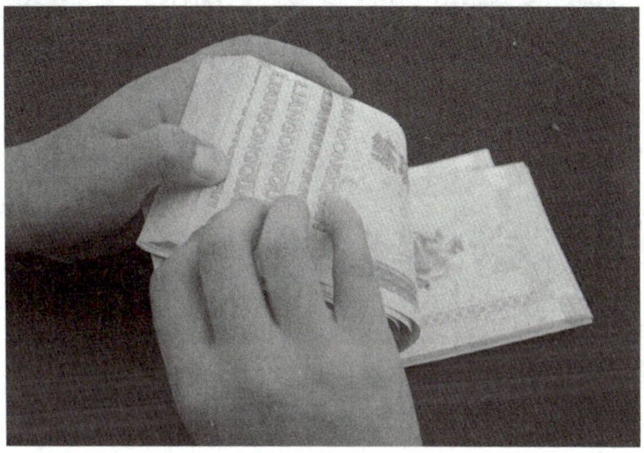

图4-8 手持式四指拨动点钞法捻钞

捻动时动作要连续，同时右手拇指要向前移动，手指与钞票接触面要小，最好以指尖接触票面。捻钞幅度要小，四指一起捻动，使点钞频率加快。右手捻钞时，左手要协调配合，右手每捻出一手，左手拇指要推动一次，同时食指适时松开，这样就会使捻出的钞票自然下落，接着按住未点的钞票，循环往复，一手紧接一手。两手之间、手指之间配合要协调，才能保证点钞顺利进行。初学时速度不要太快，要保证正确，不能有错张，熟悉以后再加快速度。

②计数。采用分组计数法，每4张为一组，计满25组为100张。

（4）手持式五指拨动点钞法。这种方法的适用范围与四指四张点钞法基本相同，优点是较后者更为快捷、省力。持钞时，左手持钞，用小指和无名指夹住钞票的下端，中指和拇指夹住钞票的上端，将钞票向后弯成瓦形，使钞票上端形成微微打开的扇形。

① 清点。用右手的五个指头依次拨动钞票，先用拇指从左上角向右下方拨起第1张，接着用食指、中指、无名指、小指依次从右上角向左下方拨下第2张、第3张、第4张、第5张，完成一次整点后再重复拨动，直至点完。

② 计数。采用分组计数法，每次点5张为一组，点20组为100张。这种点钞法要求右手手腕要灵活，动作要小。

③ 扎把和盖章与手持式单指单张点钞法相同。

2）手按式点钞法

这种点钞法的优点是准确率高，清点时看到的票面较大，便于挑出残破币和识别假币；缺点是点钞速度降低，劳动强度大。手按式点钞法适用于收、付款工作的初点和复点，以及整点各种新旧、大小票面的钞票，尤其适用于不足100张钞票的整点。

（1）手按式单指单张点钞法。手按式单指单张点钞法是将钞票放在桌上，用左手按住，右手对钞票进行清点的一种点钞方法（如图4-9所示）。手按式单指单张点钞法分为按钞、清点、计数、挑残、扎把和盖章几个步骤。

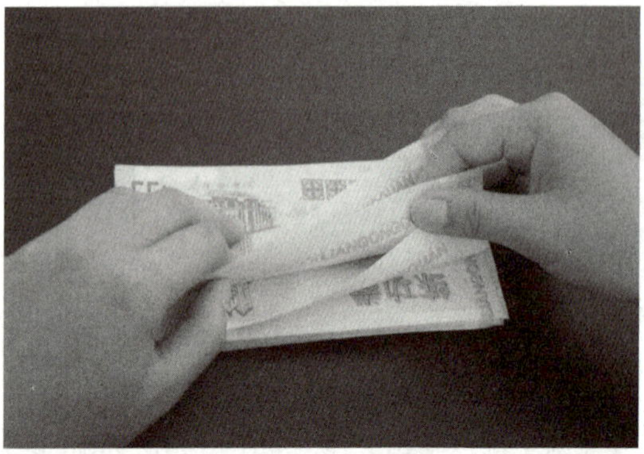

图4-9 手按式单指单张点钞法

①按钞。将钞票横放在桌面上，一般是放在胸前。用左手手腕按住钞票，用小指、无名指、中指用力按住钞票左上角约占票面的1/4处，食指、中指自然弯曲，拇指呈自然放松状态，右手小指、无名指按住钞票右上角，做好点钞准备。

②清点。捻钞时，右手肘向上抬起，用右手拇指托起右下角的部分钞票（约20张），食指与拇指托住的钞票向外进行摩擦，使第一张钞票与拇指托起的其他钞票分开，左手拇指快速接过，并送至左手的食指与中指之间夹住，完成第1张的动作。接着反复操作直至点完全部钞票。

③计数。采用单数计数法，从1一直数到100。

④挑残、扎把和盖章与手持式点钞法要求相同。

（2）手按式多指多张点钞法。手按式多指多张点钞法是在手按式单指单张点钞法的基础上发展出来的一种点钞方法（如图4-10所示）。其优点是速度较快，但在点钞时看到的钞票面积较小，不宜整点残破较多的钞票，且不容易辨别假钞。它可以分为按钞、清点、计数、挑残、扎把和盖章几个步骤。

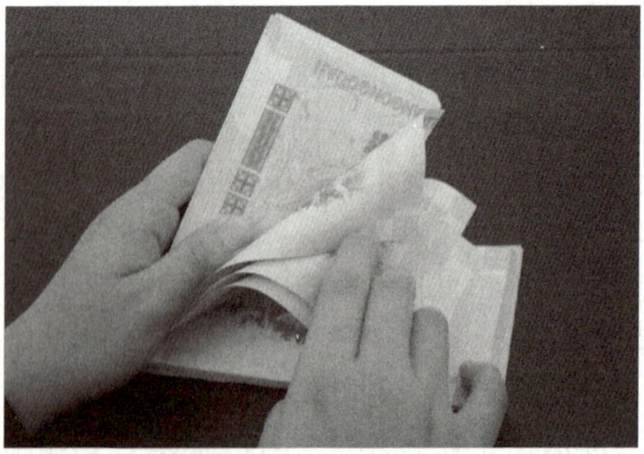

图4-10 手按式多指多张点钞法

① 按钞。将钞票横放在桌面上，一般是放在胸前。左手小指、无名指微弯曲按住钞票左上角约占票面1/4处，食指、中指自然弯曲，拇指呈自然放松状态。右手小指、无名指按住钞票右上角，做好点钞准备。

② 清点。右手肘部向上抬起，掌心向下，右手拇指托起右下角的部分钞票，右手从无名指开始，手指指肚的侧面用力与钞票摩擦，摩擦被右手拇指托起的钞票的1/4处，使第1张钞票与拇指托起的其他钞票分开，空出一条空隙，再将中指放进空隙中进行摩擦，第2张钞票的摩擦与第1张的操作一样，接着将食指放进中指与拇指摩擦出来的空隙中进行第3张钞票的摩擦，然后3个指头一起将捻起的钞票拉直并放到左手拇指和食指中间，完成第一组后，按照同样方法进行后面的操作即可。

③ 计数。采用分组计数法，每3张为一组，33组为99张，加1张就是100张。

④ 挑残、扎把和盖章与手持式点钞法要求相同。

3）扇面式点钞法

扇面式点钞法是指将钞票捻成扇形进行清点的方法（如图4-11所示）。扇面式点钞法的优点是捻钞轻松自如，速度快、效率高；缺点是由于清点时只看票边不看票面，不便于挑出残破票和鉴别假钞。因此，较适合整点新票及收、付款的复点，不适合柜面初点以及整点新、旧、破混合的钞票。

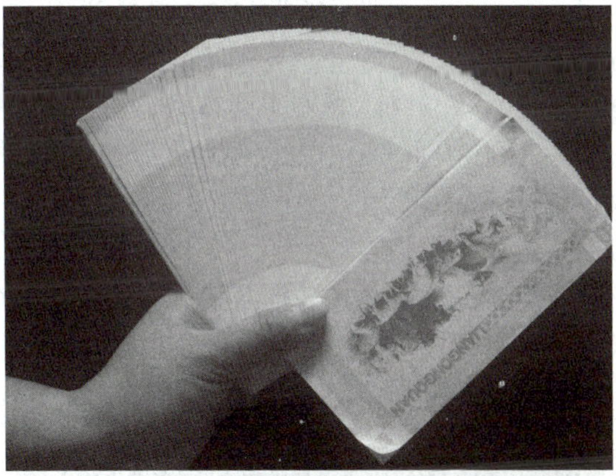

图4-11 扇面式点钞法

（1）扇面式一指多张点钞法。扇面式一指多张点钞法可分为持钞、开扇、点数、计数、合扇、扎把和盖章几个步骤。

①持钞。首先用左手竖拿钞票，拇指在票前中间下部大约1/4处，食指和中指在票后同拇指一起捏住钞票，无名指和小指弯曲。右手拇指在左手拇指上端，用虎口从右侧卡住钞票使之形成瓦形，其余四指放在钞票背面，做好开扇准备。

②开扇。如图4-12所示，打扇面时，左右两手要做好协调，不要将钞票捏得过紧，根据点数的情况选择扇面打开幅度的大小。开扇的动作要快，持钞、捻钞、抖钞三个动作要一气呵成。以左手为轴，右手食指将钞票向胸前左下方压弯，然后再向右方移动，同时右手拇指在票前向左上方推动钞票，食指、中指在钞票后面用力向右捻动，左手拇指在钞票原位置向逆时针方向捻动，食指、中指在票后用力向左上方捻动，右手拇指逐步向下移动。至右下角时，即可将钞票打成扇形。如有不均匀现象，可双手持钞抖动，使其均匀。

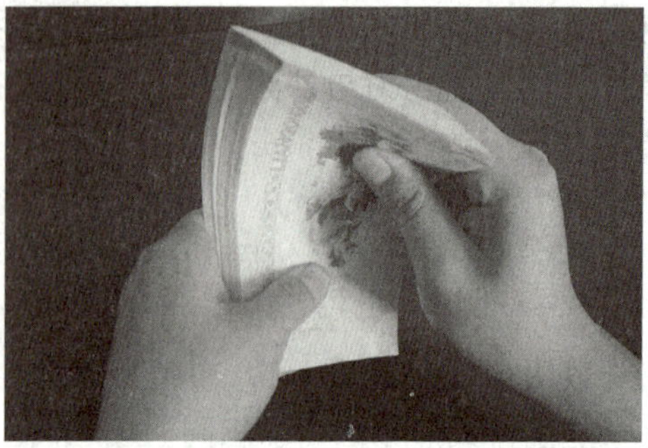

图4-12 扇面式一指多张点钞法

③点数。左手持扇面，右手中指、无名指、小指托住钞票背面，拇指在钞票右上角处，一次按下5张或10张，按下后用右手食指压住，拇指继续向前按第2次，依此类推。同时，左手应随右手点数速度向内转动扇面，以迎合右手按动，直至清点完毕。

④计数。采用分组计数法，一次按5张为1组，记满20组为100张；一次按10张为1组，记满10组为100张。

⑤合扇。清点完毕后进行合扇时，将左手向右倒，右手4个手指稍弯曲托住钞票的右侧向左合拢，左右手指往中间一起用力，使钞票竖立在桌面上，两手松拢轻墩，把钞票横执墩齐，做好扎把准备。

⑥扎把和盖章与手持式点钞法相同。

（2）扇面式多指多张点钞法。扇面式多指多张点钞法是用多个指头交替拨动、分组点数、一次点多张的方法（如图4-13所示），可分为持钞、开扇、点数、计数、合扇和扎把几个步骤。除了点数不同外，其余的步骤都和扇面式一指多张点钞法相同。这里重点介绍一下点数的方法。

图4-13 扇面式多指多张点钞法

根据个人的情况，可以用拇指和食指交替拨动，也可以用拇指和食指加上中指交替拨动，还可以用拇指、食指、中指、无名指4个手指一起拨动。每组分5张、10张、12张、14张、16张不等，可数钞票达3万张以上，是一种速度较快的点钞方法。

以3指5张为例。左手持扇面，先用右手拇指清点第1个5张，然后用右手食指沿钞票上端接着数第2个5张，中指清点第3个5张，这样完成第1组动作。当中指点完时，拇指迅速移上去接第4个5张，开始第2轮的操作，3个手指依次清点，循环操作，直到点完为止。

4）硬币整点法

硬币整点法可分为手工整点硬币法和机器整点硬币法。我们主要介绍手工整点硬币法。

硬币就是金属货币，也称铸币或辅币，手工整点硬币一般用于收款时收点硬币款。手工整点硬币一般分为摆放、清点、计数、包装和盖章几个步骤。

① 摆放。将需整点的硬币先按面值分类，以100枚（或50枚）为1卷，10卷为1捆。手工一次可清点5枚、10枚、15枚，主要依个人技术熟练程度而定。

② 清点。从右向左分组清点。清点时，用右手拇指和食指将硬币分组清点，每次清点的枚数根据个人技术熟练程度而定，可一次清点5枚、10枚或更多。为保证清点准确，可用右手中指从一组中间分开查看，如一次清点10枚为一组，即从中间分廾，每边5枚。

③ 计数。采用分组计数法。一组为一次，每次的枚数相同。如一组10枚，则10次100枚即为1卷。

④ 包装。用双手的无名指、小指分别顶住硬币的两端，用双手拇指、食指捏住折叠部分的纸，紧紧包住硬币。在桌面上将币卷往身体方向拉，拉时用双手中指压住前面的包装纸，让纸紧裹住币卷，用双手拇指把靠里边的包装纸向外掀起，并用食指掖在硬币底部，然后手掌心用力向外推卷，接着用双手的拇指、食指和中指分别把两端包装纸向中间方向折压后紧贴住硬币，再用拇指将后面的包装纸往前压，用食指将前面的包装纸往后压，使包装纸与硬币紧贴 ，最后用拇指、食指向前推币，即可完成包装。

⑤ 盖章。将包装完毕的硬币整齐地平放在桌面上，卷缝的方向要一致。用左手的掌心推动硬币向前滚动，同时用右手将图章按在包装的右端。

4.2.2 机器点钞法

机器点钞法就是用点钞机来清点钞票，机器点钞的效率比手工点钞高，辨识度也很高，但点钞机的种类较多，其功能也各不相同，主要功能就是点钞和防伪。点钞机有多种型号及品牌，功能可分为全智能型点钞机、半智能型点钞机和普通型点钞机。

1）点钞机的种类

（1）普通型点钞机。普通型点钞机的功能较少，质量比半智能型点钞机和全智能型点钞机都要差一些。这样的机器一般只用于现钞流动较小的超市和商品零售店。

（2）半智能型点钞机。半智能型点钞机功能比较齐全，适合现钞流动一般的商场，它又可细分为半智能A型点钞机和半智能B型点钞机。

半智能A型点钞机的第一个特点是第四套人民币（四个人头像）的100元和50元同时过机时不能分辨出来，即第四套人民币的100元和50元能混过，不能停机提示，只能识别其真假，其识别真假的能力不及全智能型点钞机；半智能A型点钞机的第二个特点就是第五套人民币（只有毛主席头像的）可显示面额出来，并只能区分第五套人民币的不同面额。

半智能B型点钞机除了不能分辨第四套人民币面额大小（只能识别其真假）外，还不能显示面额，但是它能够区分第五套人民币的不同面额。

（3）全智能型点钞机。如图4-14所示，这种机型功能齐全，适合现钞流动大的单位使用，每天可点10万张钞票以上。它一般带有伪钞识别功能，既能计数又可辨别真伪，主要用于对现金计数、鉴伪、清分有较高要求的金融行业和现钞流动大的各种企事业单位（它能区分第四套人民币的面额大小）。

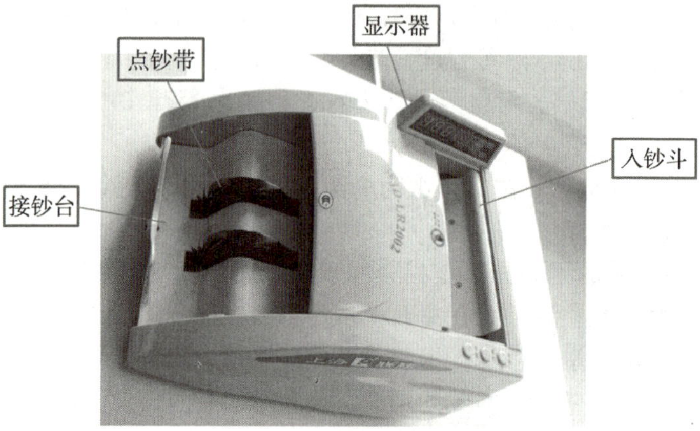

图4-14　全智能型点钞机

2）点钞机的使用

（1）机器点钞前的准备。

① 开箱。对新买的设备，应先把随机配件取出，然后将点钞机安放在平稳的桌面上，检查机器外观有无变形或损坏，检查各部件接口是否牢靠，螺钉是否紧固。点钞前，应将点钞机安放在操作员正前方稍右、距点钞台边约20厘米的地方。

② 连接电源。将电源线接入点钞机尾盖电源插座中，插头接到220V的交流电源上，如选购了外接显示器，将显示器接到点钞机背后的外接显示器接口端。打开电源开关，计数器显示为“0”，如无显示或有其他符号显示，需参见使用说明书中的“故障排除方法”。

③ 剔除有问题的纸币。为了避免错检，点钞前应剔除存在以下问题的纸币：用白纸补了疤的纸币；经过洗涤的纸币；污渍严重的纸币以及破坏、裂口的纸币。

④ 试机。打开电源开关，计数显示屏显示为“0”，表示电源接通，机器处在正常操作状态。先试机，检查下钞是否准确、通畅、整齐。

⑤ 点钞物品的摆放。待点的钞票整齐地摆放在点钞机的右侧，按面值大小顺序排列，或从小到大，或从大到小，切不可大小夹杂排列，以免影响效率。然后将印章、纸条等用具按本人使用习惯摆放整齐，以保证点钞过程的连续性。

⑥ 选择按键。根据点钞的不同需要，选择功能键。

（2）机器点钞。右手握住钞票，将同一面额的纸币捻成一定的斜度，并稍用力使钞票散成坡形，否则容易下双张或出现“拥塞”现象。对于待清点的钞票，捻成一个前低后高的斜面，平整放在入钞斗上，使钞票从上面第一张依次自然下滑进行点钞（如图4-15所示）。

图4-15 机器点钞

（3）整点。拆把后，把钞票均匀散开，平放在入钞斗台上，点钞机开始自动传送、计数、识别、整理。入钞斗上的钞票全部输送完毕后，机器自动停止点数，此时计数器显示窗上显示的数字就是钞票的数量。取出接钞台上的钞票，点钞机显示窗上的数字将自动清零，准备重新计数。

（4）墩齐、扎把。扎把时，左手拇指在上，其他4个手指在下，手掌向上把钞票从接钞台上取下。拿钞时注意不要漏张，然后将钞票四面墩齐，按缠绕式或拧结式扎把。

（5）复点。在非预置整点及累加整点状态下，当启动点钞机时，上次整点数据将自动移到预置显示窗显示；本次整点结束后将两次显示窗数据进行比较，即可达到复点目的。

机器复点大量钞票时，为了提高效率，下钞、拿钞和扎把的动作要连贯。当右手将一把钞票放在入钞斗后，马上拿第2把，拆开扎条，散成坡形，做好下钞准备。当传送带上最后一张钞票落下后，左手迅速将钞票拿出，同时右手将第2把钞票放在入钞斗，然后拿扎条扎把。如此反复，连续作业，可以缩短机器空转时间，提高点钞效率。

（6）盖章。复点完全部钞票后，点钞者要逐把盖好名章。钞票盖章要先轻后重，务必整齐、清晰。

（7）扫尾。机器使用完毕后，应关掉电源、拔下插头，用毛刷清扫机内灰尘，然后用布盖好以防落入灰尘。

3）点钞机功能介绍

点钞机有各种品牌及型号，但其功能基本上是一样的。下面以广州康艺电子有限公司生产的康艺点钞机为例来介绍点钞机的性能、使用方法、常见故障及排除方法。

（1）康艺点钞机的功能。

① 四种点钞功能：智能点钞、分版处理、清点计数、预置计数。

② 混点功能：同面值的第四版、第五版人民币可以混点。

③ 分版功能：可鉴别不同版次的钞票。

④ 夹张检测功能：在点钞过程中，机器能够自动检测出所有与点验钞票不同面额的各版次钞票。

⑤ 复点功能：同一把钞票，两次点钞的数量同时显示，以便操作者复核。

⑥ 累加功能：可进行同种版次和不同钞票的累加点算。

⑦ 预置功能：达到预置数后即停机，预置点钞时不影响鉴伪。

⑧ 模糊智能：采用模糊智能技术对票面信息进行处理，使分版和分面额（夹张检测）更准确。

⑨ 异常票面识别功能：可识别半张、裂张、夹张、连张、拼张、重张等异常票面。

⑩ 全智能功能：具有自动计数、自动累加、自动起停、自动清零等功能。

（2）部分功能键的使用。

① 快速点钞。只需整点张数而不需辨伪时，开启电源开关，其他开关置于“关”的位置，然后将一叠同面额纸币捻成一定坡度，平放在入钞斗上，机器即可自动完成点钞工作。待入钞斗上的钞票输送完毕后，机器停止计数，此时计数显示窗上显示的数字就是该叠钞票的数量。

② 预置功能。需要定量点钞时，可使用预置功能。按一下【预置】键，指示灯亮，预置显示窗显示“100”，点钞机会自动进入预置点钞模式，此时每按一下【批量】键，预置显示窗会依次显示为“100”“50”“20”“10”“5”“空白”，按【+1】键，预置显示窗显示“1”，如果按住【+1】键不放，预置数便自动加1，可在“1～999”范围内选定预置数。把纸币放在入钞斗，机器将自动整点，当接钞台上的纸币和预置数相同时，自动停机。不用预置功能时，按【清除】键，使预置显示窗不显示，即预置指示灯关闭。如果需要重复定量整点，只要取出接钞台上的纸币，再放在入钞斗，点钞机就会自动清点。

③ 荧光鉴伪。对水印特征组扫描及测量，自动完成紫外线量化分析，可检测有微弱荧光反应的伪钞。按【荧光】键，指示灯亮表示“打开”，指示灯灭表示“关闭”。

④ 磁性安全线鉴伪。通过解读第五套人民币的磁性安全线信息，进行数字量化

分析可以鉴别真假。按【磁性】键，指示灯亮表示“打开”，指示灯灭表示“关闭”。

⑤ 光谱辨伪。按【辨伪】键，指示灯亮表示“打开”，指示灯灭表示“关闭”。指示灯亮时，机器能自动进行混点（如新旧版100元、50元）。

⑥ 红外辨伪。利用红外线的穿透性能，对红外油墨进行分析，可以对钞票进行真伪鉴别。按【红外】键，指示灯亮表示“打开”，指示灯灭表示“关闭”。

⑦ 清零。不需累计显示时，应在点钞完毕后轻按【清零】键；若需累计显示，则不要按【清零】键。累计显示达“1 000”时，计数和显示屏自动重置为“0”。

⑧ 剔除假币。发现假币，机器会自动停机并报警，此时最后落下的一张钞票即为假币。剔除假币后，按【复位】键，机器重新启动点钞。为避免错检、漏检，应将钞票的正面和背面各整点一遍。

（3）机器点钞的注意事项。

① 点钞时，必须检查点钞机计数器显示的读数是否为“0”，数字非“0”时必须按【清零】键将读数清零。

② 送钞是机器点钞的关键。送钞时右手要平稳，左手拇指稍用力向下方捻动钞票，使钞票成坡形后放在入钞斗，注意不可用力往下压钞票，要让钞票自动滑落。送钞时，眼睛要注意传送带上的钞票面额，看是否有其他票券、残损钞票、假钞票等异常情况，同时观察数码显示情况。

③ 钞票全部下到接钞台后，要看清计数器上显示的数字是否与实际张数相符。如不符，要重新清点一次。

④ 左手将清点无误的钞票从接钞台取出后，要检查点钞机周围有无掉张；无掉张时，右手立即将下一把钞票放在入钞斗清点，尽量不中断。

⑤ 点钞时出现计数器闪烁现象，应视为机器提示“点钞不准、要求重新整点”的警告，如因操作不熟练导致卡钞、出现紊乱时，应立即关闭电源开关。在整点过程中，若机器经常停机，可按顺时针方向稍微调节垂直调节螺丝。

⑥ 酌情选择“荧光”和“磁性”辨伪功能。为了准确辨伪，在整点20元及以上人民币时，应同时选择“荧光”和“磁性”辨伪功能。因10元及以下钞票不含磁性油墨，所以整点10元及以下钞票时，不能打开“磁性”辨伪功能，否则会造成误报停机。

⑦ 在将清点无误后的钞票墩齐、扎把时，眼睛应紧盯着点钞机上还在清点的其他钞票。扎好的钞票应放在点钞机的一侧，以方便盖章。

【职场对接】

某商场20天后要开展为期一周的5周年店庆活动。店庆活动组委会要求所有收银员都要参加点钞比赛，具体比赛项目包括手持式单指点钞法、手持式多指点钞法、手按式单指单张点钞法、手按式多指多张点钞法和扇面点钞法。另外，点钞比赛各项目的前三名获得者还要在颁奖时进行现场表演。因为时间较紧，商场主管店庆活动的王斌把安排训练时间和制定比赛规则的工作交给了刘红。刘红在校时就曾参加过点钞比赛，并取得个人单指单张点钞第一名的好成绩，参加工作后，她刻苦训练，又掌握了多种点钞的方法。接受这项任务后，刘红结合自己平时的工作经验，在调研的基础上做出了一份较实用的策划书。

请每一位同学根据上述情况试写一份点钞训练的策划书。

知识回顾

一、填空题

1. 点钞的基本要求是：坐姿要________；扇面形成要________；钞票要________；点数要________。

2. 点钞的基本方法有________、________、________。

3. 人工点钞法主要有________和________两种方法。

4. 手工点钞的程序可分为________、________、________、________和________几个步骤。

5. 扎把的方法主要有________和________。

6. ________是指将钞票捻成扇形进行清点的方法。

7. 手持式单指单张点钞法挑残破票的方法是在点钞过程中发现________时不要急于抽出，应随手________，使钞票________，待点完一把后，抽出残破票，补上________。

8. 扇面式点钞法的优点是捻钞________、速度快、效率高。其缺点是由于清点时只看票边不看票面，不便________。

9. 硬币就是金属货币，也称________。

10. 点钞机的基本功能是清点张数和________。

11. 机器点钞前的准备步骤有：开箱、连接电源、________、________、点钞物品的摆放、选择按键。

12. 钞票的整理，要将100张同面额的钞票扎成一把，不足________的同面额钞票，应以________为单位起叠，即用一张钞票拦腰包住其余________张钞票。

二、判断题

1. 在清点钞票时发现残票应马上将其抽出来，接着再清点其余的钞票。（ ）

2. 扇面式点钞法较适合柜面初点以及整点新、旧、破混合的钞票。（ ）

3. 四指拨动点钞法适用于收款、付款整点钞票。（ ）

4. 机器点钞前应将下列纸币剔除：用白纸补了疤的纸币；写过字的纸币；污渍严重的纸币；破坏、裂口的纸币。（ ）

5. 手持式单指单张点钞法通常用于整点各种票面新旧、大小面额的钞票。（ ）

6. 点钞正确的姿势应该是身体坐直、挺胸、自然放松，持票的两个手腕部不要接触桌面。（ ）

7. 手按式点钞法的优点是准确率高，清点时看到的票面较大，便于剔除残破券和

识别假币。（ ）

8. 清点正确的钞票要盖上名章，盖章要整齐、清晰，盖在正面和侧面均可。（ ）

9. 对于待清点的钞票，捻成一个前高后低的斜面，平整放在入钞斗上。（ ）

三、操作题

1. 某天，某公司出纳员到银行取钱给员工发工资，取款单上填写的金额是165 200元。特别要求要有50元、20元、10元面额的钞票各2 000张，5元面额的钞票1 000张和1元面额的钞票200张。请你办理取款业务，并写出操作步骤。

2. 点钞基本功练习。练习包括坐姿、拆把、持钞、捻钞、计数、挑残破票、墩齐、扎把和盖章等步骤。

3. 扎把、拆把练习。练习缠绕法扎把、拧结法扎把以及拆把，要求7秒以内完成拆把和扎把。

知识应用

一、训练目标

1. 熟练掌握手工点钞的几种基本方法。

2. 熟练掌握钞票捆扎的几种方法。

3. 熟练掌握机器点钞的方法。

二、训练内容

1. 手持式单指单张点钞法。

2. 手持式单指多张点钞法。

3. 手按式单指单张点钞法。

4. 手按式多指多张点钞法。

5. 扇面式点钞法。

6. 机器点钞法。

三、训练方法

分组训练法与强化训练法。按照不同的点钞方法组成若干个小组，以组为单位，每组指定一个点钞技术较强的小组成员为组长，负责指导和强化训练。每天集中训练30分钟。

四、训练要求

1. 手工点钞的要求。不管用哪种点钞方法，坐姿及点钞动作都要正确、规范。凡清点过的钞票，必须保证质量，做到准、齐、扎紧（以扎好的把中任意抽出一张不掉下为标准）。

（1）左手持钞，右手点钞。

（2）完成一把，包括拆把、点数、扎把、盖章，手势正确、点数无误。

（3）姿势要正确。

（4）用具放置要到位（海绵缸、扎把条、印章、印泥一般放右侧）。

（5）钞票要墩齐。

（6）扎把要紧（以扎好的把中任意抽出一张不掉下为准）。纸条的位置应该在钞票的中间偏左约1/3处。

（7）捻钞和点钞时，右手拇指每捻动一张，无名指在钞票背面往内方向弹拨一次。

（8）盖章要清晰。

2.机器点钞的要求。

（1）机器点钞前的准备，应按以下程序进行：开箱、连接电源、剔除有问题的纸币、试机、合理摆放点钞物品。

（2）对点钞机的各种功能键较为熟悉，能正确操作点钞机进行点钞。

五、考核与评价建议

1.手工点钞测试标准。

（1）手持式单指单张点钞法：每把（100张）45秒以内点对、点完（包括扎把）为优秀，55秒以内点对、点完为良好，65秒以内点对、点完为及格。

（2）手持式四指四张点钞法：每把（100张）35秒以内点对、点完（包括扎把）为优秀，40秒以内点对、点完为良好，45秒以内点对、点完为及格。

（3）手按式单指单张点钞法：每把（100张）50秒以内点对、点完（包括扎把）为优秀，60秒以内点对、点完为良好，70秒以内点对、点完为及格。

（4）手按式四指四张点钞法：每把（100张）40秒以内点对、点完（包括扎把）为优秀，45秒以内点对、点完为良好，55秒以内点对、点完为及格。

（5）扇面式一指多张点钞法和四指多张点钞法：每把（100张）20秒以内点对、点完（包括扎把）为优秀，25秒以内点对、点完为良好，30秒以内点对、点完为及格。

2.机器点钞测试标准。

（1）考核方式：采取限时不限量的方式，限时3分钟，使用统一的若干把练功券，设置若干差错（含多张、少张），由学生操作点钞机进行练功券双面点钞并剔除所设差错。

（2）按照顺序完成若干把练功券的拆把、点数、挑错、扎把、盖章操作，整点后的练功券要做到点准、墩齐、扎紧，盖章清楚端正，禁止跳把，最后将零点张数叠起，扎把后在腰条上注明实际张数，未注明张数的成把练功券按照100张计算。扎把采用缠绕式或拧结式。

（3）计分方法：点数正确，差错全部挑出，按实点张数计算出学生的最终成绩。

发生下列情况之一的，每把减10张：

① 新腰条末端未掖入。

② 未按规定符号注明、未单独摆放。

③ 盖章位置不在规定位置。

④ 扎把练功券漏盖名章或盖章不清、无法辨别姓名。

⑤ 票面未墩齐，露头部分超过主体5毫米。

⑥ 扎把不紧（轻提第一张或最后一张即发生脱离现象）。

（4）发生下列情况之一的，考核不及格：

① 已点练功券发生散把（包括腰条扣散开）的。

② 已点练功券张数与每把实际张数不符超过2把（含）以上的。

3. 点钞综合测试操作步骤及要求。

（1）为每位考生准备5把练功券，每把100张，反复清点无误后编上序号。在编好序号的5把练功券里挑出几把，随机从某一把中抽出1张，或在另一把中抽出2张，或者加1张、加2张、加3张等。考生自带点钞用具，包括笔、海绵缸，监考人员发给学生若干张扎条。

（2）测试正式开始，监考人员发给学生已经做好有差错的5把练功券。待考生准备完毕后，监考人员发出“开始”的口令，同时按下计时表，考生开始操作。3分钟后，监考人员下达“时间到”的口令，每位考生必须停止点钞、扎把等操作，全体起立，迅速离场。

（3）由监考评分教师清点每位考生的尾钞，看扎把是否紧实，扎条是否折入新扎把里。由评分教师将清点情况记录在点钞成绩记录单上。

项目五

票据填写

学习目标

知识目标

1. 熟悉收银票据填写所需相关财务知识；
2. 了解收银凭证的概念及种类；
3. 熟悉填制收银凭证的基本程序；
4. 掌握收银凭证填制的基本方法。

技能目标

1. 熟练、规范地填制各种收银凭证；
2. 正确地审核各种收银凭证；
3. 熟悉相关会计账簿的登记。

引导案例

2018年11月30日，张某将一张出票人为某机械公司的工商银行转账支票交付保险公司，票面金额为456 342.02元，用途为保费，出票日期为2018年11月30日，没有填写收款人。保险公司在将本公司填写为收款人后请求付款行兑付。2018年12月4日，该支票被付款行以支票上人民币大写“肆”被涂改为由退票。保险公司即以某机械公司为被告提起诉讼，请求支付票款，某机械公司称该支票已于2018年9月15日丢失，因为是空白支票，未填写收款人、票据金额、出票日期，所以未到开户银行办理挂失止付，也没有申请公示。张某到庭作证时称：我于2018年9—10月期间，在某饭店吃饭时捡到一个信封，内装该支票，当时为交纳所欠保险公司的保费，遂在捡到支票后即将该支票除收款人外的其他事项进行了填写，并交付保险公司，日期填写为2018年11月30日，金额为456 342.02元；为使该支票退票，我对支票金额的大写数字“肆”进行了涂改。

法院判决驳回原告保险公司要求被告某机械公司支付转账支票所载票款及支付延期付款利息的诉讼请求。保险公司不服判决，提起上诉，二审维持了原判。

案例点评：

从这个案例可以看出，该保险公司的有关人员对支票填制的要求掌握不熟练，没有认真对支票进行审查。这张支票的大写金额已被涂改，该票据应当被认定无效，而张某正是钻了这个空子。因此，收银员不仅要能正确填写各种票据，还要审核其票据的合法性，这样才能保证单位的经济利益不受到损害。

5.1 票据填制书写规范

收银票据书写的基本规范要求为：正确、规范、清晰、整洁、美观。书写的主要内容包括汉字书写、阿拉伯数字书写、金额数字书写等。

5.1.1 汉字书写具体要求

在票据填制中，汉字书写的具体要求如下：

（1）字迹工整、清晰。书写采用正楷或行书字体，不能用草书。

（2）紧贴底线书写，大小适中，高度占全格的1/2或1/3。

（3）字距适当，字与字之间不能过于密集。

（4）字体大小一致。

（5）在有格线的情况下，不论字数多少，要以写满但不超出该格为限。

（6）不得随意使用不规范的简化字。

5.1.2 阿拉伯数字书写具体要求

（1）每个数字书写要规范整齐、大小匀称，不能连笔书写。

（2）每个数字要紧贴底线书写，高度占全格的1/2或2/3。除6、7、9外，其余数字高低要一致。“6”的上端比其他数字高出1/4，“7”和“9”的下端比其他数字伸出1/4。

（3）数字书写应有一定倾斜度，且各数字倾斜度要一致。

5.1.3 金额大小写书写具体要求

（1）大写金额书写具体要求。金额大写常用于填写防止涂改的支票、发票等。具体要求如下：

① 中文大写金额数字应用正楷或行书填写，如壹、贰、叁、肆、伍、陆、柒、捌、玖、拾、佰、仟、万、亿、元、角、分、零、整（正）等字样。不得用一、二（两）、三、四、五、六、七、八、九、十、廿、卅、毛、另（或〇）填写，不得自造简化字。如果金额数字书写中使用繁体字，如貳、陸、億、萬、圓，也应受理。

② 中文大写金额数字到“元”为止的，在“元”之后应写“整”（或“正”）字，在“角”之后可以不写“整”（或“正”）字。大写金额数字有“分”的，“分”后面不写“整”（或“正”）字。

③ 中文大写金额数字前应标明“人民币”字样，大写金额数字应紧接“人民币”字样填写，不得留有空白。大写金额数字前未印“人民币”字样的，应加填“人民币”三字。在票据和结算凭证大写金额栏内不得预印固定的“仟、佰、拾、万、仟、佰、拾、元、角、分”字样。

④ 阿拉伯数字小写金额中有“0”时，中文大写应按照汉语语言规律、金额数字构成和防止涂改的要求进行书写。举例如下：

A. 阿拉伯数字中间有“0”时，中文大写金额要写“零”字。如￥1 509.80，应写成人民币壹仟伍佰零玖元捌角。

B. 阿拉伯数字中间连续有几个“0”时，中文大写金额中间可以只写一个“零”字。如￥3 007.14，应写成人民币叁仟零柒元壹角肆分。

C. 阿拉伯金额数字万位或元位是“0”，或者数字中间连续有几个“0”，万位、元位也是“0”，但千位、角位不是“0”时，中文大写金额中可以只写一个“零”字，也可以不写“零”字。如￥2 680.92，应写成人民币贰仟陆佰捌拾元零玖角贰分，或者写成人民币贰仟陆佰捌拾元玖角贰分；又如￥107 000.63，应写成人民币壹拾万柒仟元零陆角叁分，或者写成人民币壹拾万零柒仟元陆角叁分。

D. 阿拉伯金额数字角位是“0”，而分位不是“0”时，中文大写金额“元”后面应写“零”字。如￥16 401.02，应写成人民币壹万陆仟肆佰零壹元零贰分；又如￥325.04，应写成人民币叁佰贰拾伍元零肆分。

（2）小写金额数字书写具体要求。小写金额数字书写方法与阿拉伯数字书写要求一致，但另有以下规定：

① 在没有金额位数分隔线的凭证、账、表上，书写小写金额时应写到小数点后两位，即写到角分。无角分的，应用“00”补足；有角无分的，分位上应用“0”补足。

② 小写金额合计数字前应加上币种符号，且币种符号与金额数字间不能留空。人民币符号为“￥”。

③ 金额数字的整数部分，书写时可按照“三位一节”的方式用分位点“,”或用1/4空格隔开。如：￥2 680.92或￥2 680.92。

④ 在有位数分割线的凭证、账、表上，小写金额数字应对应固定位数填写，不得错位，从最高位起，后面各数位格的数字必须填写完整，没有数字的位数上填写“0”补上。合计金额最高位有效数字前应加币种符号。

5.2 发票的填写

发票是指所有单位和个人在购销商品、提供劳务或接受劳务、服务以及从事其他经营活动时提供给对方的收付款的书面证明。它是财务收支的法定凭证，是会计核算的原始依据，也是审计机关、税务机关执法检查的重要依据。对于收银员来说，接触最多的就是非税控发票和税控发票。税控发票是通过增值税发票管理新系统开具的发票的统称；而通过其他开具方式开具的发票，可称为非税控票。

5.2.1 发票概述

小张到商场帮朋友买了一部手机，价格是1 500元，另外还配了一个50元的手机链，一共花了1 550元。为了回去能清楚地告知朋友这部手机的总价格，他要求营业员为他开了一张凭证。这张凭证就是我们要介绍的发票。

1）发票的基本内容

发票的基本内容包括：发票的名称、发票代码和号码、联次及用途、客户名称、开户银行及账号、商品名称或经营项目、计量单位、数量、单价、大小写金额、开票人、开票日期、开票单位（个人）名称（章）等。

2）发票的开具规定

（1）销售商品、提供劳务以及从事其他经营活动的单位和个人，对外发生经营业务收取款项，收款方应当向付款方开具发票；特殊情况下，由付款方向收款方开具发票。

拓展阅读：中华人民共和国发票管理办法实施细则

（2）填开发票的单位和个人必须在发生经营业务确认营业收入时开具发票。未发生经营业务一律不准开具发票。

（3）开具发票后，如发生销货退回需开红字发票的，必须收回原发票并注明“作废”字样或取得对方有效证明。

（4）开具发票后，如发生销售折让的，必须在收回原发票并注明“作废”字样后重新开具销售发票或取得对方有效证明后开具红字发票。

（5）单位和个人在开具发票时，必须做到按照号码顺序填开，填写项目齐全，内容真实，字迹清楚，全部联次一次打印，内容完全一致，并在发票联和抵扣联加盖发票专用章。

（6）开具发票应当使用中文。民族自治地方可以同时使用当地通用的一种民族文字。

5.2.2 非税控发票

非税控发票中通用机打发票是通过电子（网络）发票应用系统开具的，定额发票和客运限额发票则是直接撕用的。非税控发票如图5-1所示。

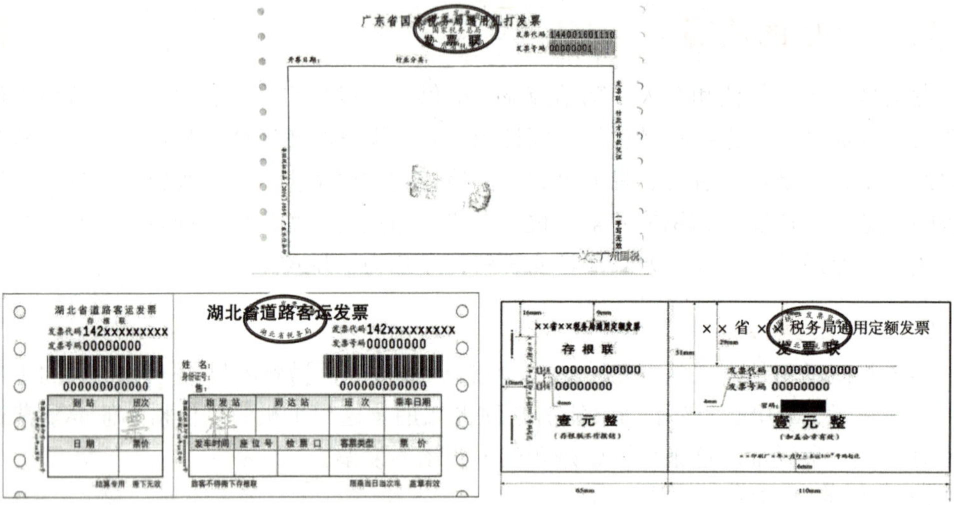

图5-1 非税控发票示例

5.2.3 税控发票

在税控发票中，以增值税普通发票和增值税专用发票最为常见。不管是增值税普通发票还是增值税专用发票，都是国家为了防止偷税漏税在防伪税控系统里开具的。增值税普通发票与增值税专用发票的区别如下：

（1）增值税普通发票是含税价格；增值税专用发票价格不含税。

（2）增值税普通发票一般适用于小规模纳税人；增值税专用发票适用于一般纳税人。

（3）增值税普通发票进项税额不能抵扣；增值税专用发票进项税额可以抵扣。

（4）增值税专用发票票面上印有“增值税专用发票”字样；普通发票印有“增值税普通发票”字样。

（5）增值税专用发票通常有三联或者六联，第一联为发票联，第二联为抵扣联，第三联为记账联；普通发票通常来说有两联，分别为发票联和记账联，没有抵扣联。

增值税普通发票和增值税专用发票如图5-2所示。

不得开具票样与国家税务总局统一制定的票样不相符合的增值税发票。开具的增值税发票不符合要求的，不得作为扣税凭证，购买方有权拒收。

公司收到增值税发票后，首要任务自然是要登录国家税务总局全国增值税发票查验平台查验真伪。在确定发票真实后，我们可以按照以下三步对其进行审核。

第一步：初步审核，主要是看票面的各项要素是否完整、准确。

抬头是否规范，是否写明本单位全称，是否有错别字或漏字；纳税人识别号是否正确无误；涉及增值税专用发票的，还要审核地址、电话以及开户行及账号两栏信息是否准确完整；涉及增值税普通发票卷票的，还要看校验码是否完整；是否正确加盖发票专用章；票面是否有压线错格现象，尤其要关注专票的密码区是否压线。

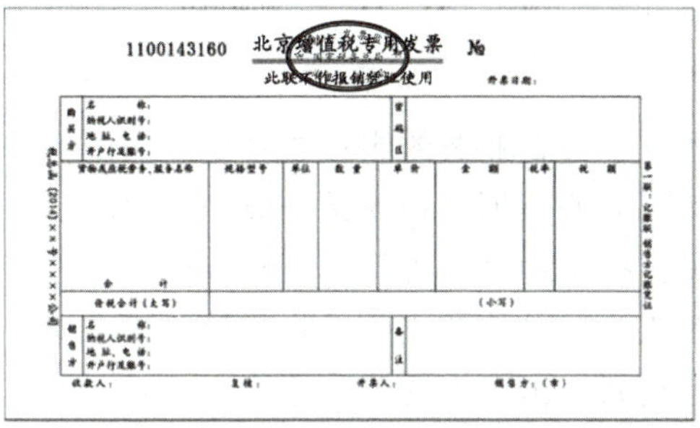
1100143160 北京增值税专用发票 №

此联不作报销、扣税凭证使用

a.增值税专用发票

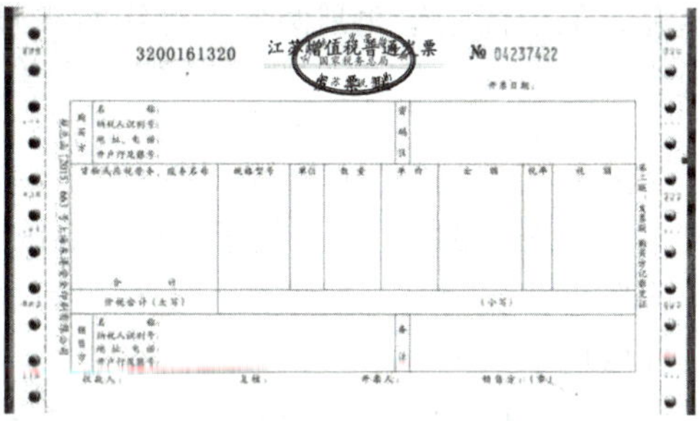
3200161320 江苏增值税普通发票 № 04237422

b.增值税普通发票

图5-2 增值税普通发票和增值税专用发票

第二步：重点审核，主要是核查品名、数量、金额、税率、开票方式、备注栏、清单开票等相关信息。

发票品名是否准确具体，是否符合行业惯例，有无含混不清现象；价税合计与已支付或应支付金额是否一致；数量是否与实际采购数量一致；税率或征收率是否正确，是否与实际业务相符；是否错误适用差额开票功能；特定应税行为发票的备注栏是否正确填写；清单开票方式的，专用发票销货清单是否自税控系统开出。

拓展阅读：国家税务总局关于调整增值税专用发票防伪措施有关事项的公告

第三步：分析审核，主要结合业务实质、合同协议、税收政策、税收编码等进行审核。

本业务是否属于应税范围，是否需要开票；开票对应税目是否正确；计税方法是否正确，一般纳税人适用简易计税方法计税，是否符合政策，是否符合合同约定；税收编码选择是否正确。

5.3 支票的填写

支票是由出票人签发的、委托办理支票存款业务的银行或其他金融机构在见票时无条件支付确定的金额给收款人或者持票人的票据。在支票结算中需要涉及三方面的当事人：一是出票人，指在经中国人民银行当地分、支行批准办理业务的银行机构开立可以使用支票的存款账户的单位和个人；二是持票人，指收款单位或个人，即收到支票的当事人；三是付款人，指支票上记载的出票人的开户银行。

支票分为普通支票、现金支票、转账支票三种。普通支票可以用于支取现金，也可以用于转账，但票面左上角划两条平行线的普通支票为划线支票，只能用于转账，不能支取现金。

5.3.1 现金支票

现金支票（如图5-3所示）是用于支取现金的一种支票，它是由存款人签发，委托开户银行向收款人支付现金的票据。当客户需要使用现金时，便可签发现金支票，向其开户行提取现金。

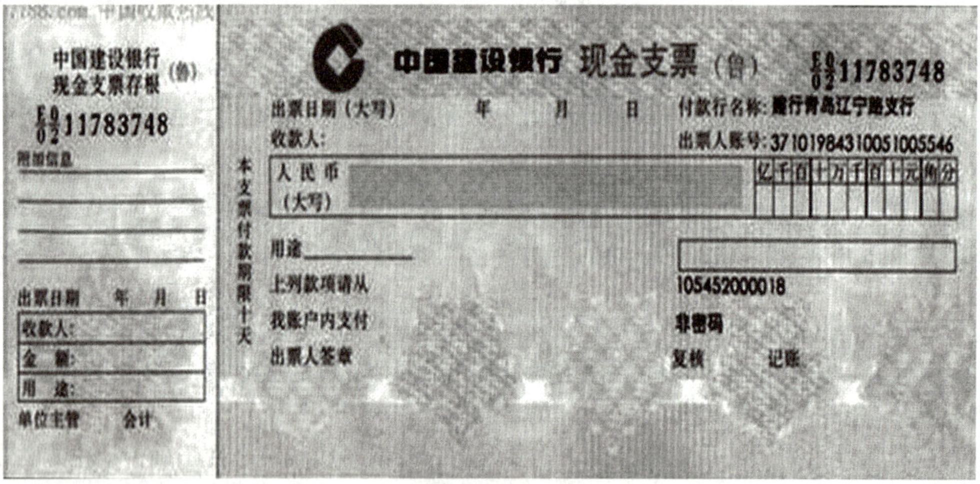

图5-3 现金支票

现金支票有两种：一种是支票上印有“现金”字样，只能用于支取现金；另一种是没有“现金”或“转账”字样的普通支票，可以支取现金，也可以用于转账。现金支票可以由存款人签发用于到银行为本单位提取现金，也可以签发给其他单位和个人用来办理结算或者委托银行代为支付现金给收款人，只能在出票人开户银行支取现金。在银行开立基本存款账户或临时存款账户的客户，需要支用工资、差旅费、备用金时均可以使用现金支票，向开户银行提取现金。

1）现金支票的支付结算程序

（1）出票。客户根据本单位的情况，签发现金支票。

（2）提示付款。收款人持现金支票到出票人开户银行提示付款，收款人提示付款时，应在现金支票背面“收款人签章”处签章，持票人为个人的，还需交验本人身份证件，并在现金支票背面注明证件名称、号码及发证机关。

（3）领取现金。

（4）挂失止付。现金支票遗失，失票人需要挂失止付的，应填写挂失止付通知书并签章，挂失止付通知书由银行提供，同时按标准交费。

2）现金支票结算的规定

（1）现金支票上必须写明收款单位或收款人的名称或姓名。

（2）不准签发空头支票，即签发支票的金额不能超出银行存款账户的余额。

（3）签发支票的金额起点为100元。

（4）现金支票付款的有效期限是10天，从签发的次日算起，遇到节假日顺延。

5.3.2 转账支票

转账支票（如图5-4所示）是出票人签发的，委托办理支票存款业务的银行在见票时无条件支付确定的金额给收款人或持票人的票据。转账支票只能用于转账，它适用于存款人给同一城市范围内的收款单位划转款项，以办理商品交易、劳务供应、清偿债务和其他往来款项结算。普通支票可以用于支取现金，在银行开立存款账户的单位和个人客户，用于同城交易的各种款项，均可签发转账支票，委托开户银行办理付款手续。

图5-4 转账支票

转账支票支付结算程序如下：

（1）出票。客户根据本单位的情况，签发转账支票，并加盖预留银行印鉴。

（2）交付票据。出票客户将票据交给收款人（也可直接到开户银行办理付款手续）。

（3）票据流通使用。收款人或持票人根据交易需要，将转账支票背书转让。

（4）委托收款或提示付款。收款人或持票人持转账支票委托自己的开户银行收款或到出票人开户银行提示付款。收款人提示付款时，应做委托收款背书，在转账支票背面“背书人签章”处签章，注明“委托收款”字样。转账支票遗失，失票人需要挂失止付的，应填写挂失止付通知书并签章，挂失止付通知书由银行提供，同时按标准交费。

（5）转账支票提示付款期限为10日，超过付款期的支票，银行不予受理；转账支票的权力时效为自出票日起6个月，在票据开出6个月内，收款人可持有关证明文件向付款人请求付款。

（6）客户结清销户时，应将未用的空白支票缴还银行。

（7）受票人如果发现支票填写不全，可以补记，但不能涂改。

（8）转账支票的有效期为10天，日期首尾算1天，节假日顺延。

（9）转账支票见票即付，不记名（现金支票一般要素填写齐全，假如丢失支票未被冒领，可在开户银行挂失；假如丢失支票要素填写不齐，可到票据交换中心挂失）。

5.3.3 支票的填制

1）支票正面的填写

（1）支票的出票日期数字必须大写，为了保证出票日期不被更改，还应按以下要求进行填写：

月的填写要求。1月和2月前要加写“零”字，即“零壹月”“零贰月”；3月至9月可加“零”也可不加，如4月可写为“零肆月”或“肆月”；11月和12月前必须加写“壹”字，即“壹拾壹月”“壹拾贰月”。

日的填写要求。1日至9日前加“零”字，10日至19日前要加“壹”字，如2008年8月7日，应写成贰零零捌年捌月零柒日。再如2008年2月14日，应写成贰零零捌年零贰月壹拾肆日。

票据出票日期使用小写填写的，银行不予受理。大写日期未按要求规范填写的，银行可予受理，但由此造成损失的，由出票人自行承担。

（2）收款人名称及付款行名称应写全称，不能出现错漏字。

（3）签发支票应使用碳素墨水填写。

（4）银行账号必须小写。

（5）大小写金额数字严格按照票据填写规范的大小写金额数字填写具体要求填写。

（6）款项用途填写时应清晰明了。现金支票有一定使用限制，一般填写“备用金”“差旅费”“工资”“劳务费”等。转账支票没有具体规定，可填写如“货款”“代理费”等。

（7）盖章。支票正面盖财务专用章和法人章，缺一不可，印泥为红色，印章必须清晰，印章模糊只能将本张支票作废。

2）支票背书

（1）现金支票收款人为本单位的（如：提取备用金），现金支票背面“背书栏”

内应加盖本单位的财务专用章和单位法人章。收款人为个人的，应在“背书栏”填上收款人的身份证号码和发证机关名称。

（2）转账支票收款人为对方单位，转账支票背面本单位不盖章。收款单位在收到转账支票后，在支票背面“被背书人”栏内加盖收款单位的财务专用章和单位法人章，在“被背书人”栏内填写“委托收款”字样，填写银行进账单后一同交给收款单位开户银行，即可委托银行收款。

5.3.4 支票的审核

支票审核时一般需要注意以下事项：

（1）验票。检查支票的质地与完好程度，辨别真假。

（2）验章。公章和法人章完好无损，不得出现重叠、残缺或模糊印迹。

（3）验证件。查验持支票者身份证与工作证是否正确。

（4）验笔迹。用笔规范，无修改或重描现象，字体一致，背书应注明使用者姓名、身份证号码、电话。

（5）验金额。金额填写正确无误。

（6）验日期。在有效使用期内（出票日起10日内交付银行）接收，收银员要注意计算出银行接收期限，避开节假日。对于检验发现有不符合上述任何一条标准或手续的支票，收银员有权拒收。

5.4 银行进账单的填写

银行进账单（如图5-5所示）是指持票人或收款人将票据款项存入收款人银行账户的凭证，由持票人填写。它也是银行将票据款项记入收款人账户的凭证。

银行进账单（收账通知）

年 月 日 第 号

<table>
<tr><td rowspan="3">付款人</td><td>全　称</td><td colspan="4"></td><td rowspan="3">收款人</td><td>全　称</td><td colspan="9"></td></tr>
<tr><td>账　号</td><td colspan="4"></td><td>账　号</td><td colspan="9"></td></tr>
<tr><td>开户银行</td><td colspan="4"></td><td>开户银行</td><td colspan="9"></td></tr>
<tr><td colspan="2" rowspan="2">人民币
（大写）</td><td colspan="6" rowspan="2"></td><td>百</td><td>十</td><td>万</td><td>千</td><td>百</td><td>十</td><td>元</td><td>角</td><td>分</td></tr>
<tr><td></td><td></td><td></td><td></td><td></td><td></td><td></td><td></td><td></td></tr>
<tr><td colspan="2">票据种类</td><td colspan="5"></td><td colspan="10" rowspan="3">收款人开户行盖章
年　月　日</td></tr>
<tr><td colspan="2">票据张数</td><td colspan="5"></td></tr>
<tr><td colspan="7">会计主管　　会计　　复核　　记账</td></tr>
</table>

图5-5 银行进账单（1）

持票人填写银行进账单时，必须清楚地填写票据种类、票据张数、收款人名称、收款人开户银行及账号、付款人名称、付款人开户银行及账号、票据金额等栏目，并连同相关票据一并交给银行经办人员。对于二联式银行进账单，银行受理后应在第一联加盖转讫章并退给持票人，持票人凭此记账。

5.4.1 银行进账单填制的注意事项

进账单与支票配套使用，可以一张支票填制一份进账单，也可以多张支票（不超过四笔）汇总金额后填制一份进账单，即允许办理一收多付（一贷多借）。对于一些收受支票业务量较大的收款单位，如商业（供销）批发、零售等企业经其开户银行审查同意也可以抄附票据清单，汇总填写进账单，委托银行办理收款。对于办理一收多付（一贷多借）的进账单，客户必须根据不同的票据种类和支票签发人所属的不同票据交换行处分别填制，不得混淆。主要原因在于：一是票据种类不同，如支票、银行汇票在银行内部核算处理的方法和要求不一样；二是受到路途远近、交通状况等客观条件的限制。

进账单上填列的收款人名称、账号、金额、内容均不得更改，其他项目内容应根据所附支票的相关内容据实填列。银行受理票据后，支票和进账单两者分离，要分别在不同的柜组或行处之间进行核算处理，为了防止差错纠纷和经济案件的发生，便于事后查找，故作此明确规定。

进账单第二联最下端的磁码区域必须保持清洁，任何企事业单位或个人不得在此区域内书写或盖章，其目的、作用与支票相同。

5.4.2 银行进账单的填制和审核

银行进账单为一式三联，填写时应用双面复写纸套写，填写内容包括日期、收款人全称及账号、大小写金额、付款人全称及账号、收（付）款人开户银行、票据种类和张数、用途等。

进账单和支票送存银行后，第一联由银行加盖印章交回收款人作为受理代收支票款项的证明；第二联是收款人开户银行的记账凭证；支票款项收妥入账后，进账单第三联由银行加盖印章后交回收款人作为收账通知。

【例5-1】2018年3月8日，华伟股份有限公司（开户银行：工行环城分理处。账号：51001856500）收到南方工厂（开户银行：建设银行。账号：123456789）购买材料开出的转账支票一张，金额为40 000元。请问：华伟股份有限公司该如何填写银行进账单？

华伟股份有限公司填制的银行进账单（如图5-6所示）：

银行进账单（收账通知）

2018年3月8日　　第050号

付款人	全称	南方工厂	收款人	全称	华伟股份有限公司
	账号	123456789		账号	51001856500
	开户银行	建设银行		开户银行	工行环城分理处
人民币（大写）	肆万元整		百十万千百十元角分	¥ 4 0 0 0 0 0 0	
票据种类	转账支票				
票据张数	1				
会计主管 王群	会计 张晓伟	复核	记账	工行环城分理处 收款人开户行盖章 2018.03.08 转账 年 月 日 转讫	

图5-6 银行进账单（2）

5.4.3 现金进账单

各单位的现金收入主要有两个渠道：从银行提取的现金和日常业务收入的现金。按照现金收入的管理规定，对当天收入的现金或超过库存限额的现金，应及时送存开户银行，送存时需填写现金进账单，也称现金解款单（如图5-7所示）。

银行现金存款凭条

年 月 日

存款人	全 称			
	账 号		款项来源	
	开户行		交款人	

金额（大写）	金额（小写）	百	十	万	千	百	十	元	角	分

票面	张数	十	万	千	百	十	元	票面	张数	千	百	十	元	角	分
壹佰元								伍 角							
伍拾元								贰 角							
贰拾元								壹 角							
拾 元								伍 分							
伍 元								贰 分							
贰 元								壹 分							
壹 元								其 他							

图5-7 现金进账单（1）

作为客户到银行办理资金收付业务的凭证，现金进账单是银行和客户的记账依据，仅用来证明银行与客户之间发生了资金收付关系，对银行与客户之外的第三人没有证明作用，不能作为发货的依据。

现金进账单的填制程序及注意事项：

（1）将需存的各种票面的钱币按照100元、50元、20元等不同的币值进行分类。硬币每百枚或五十枚为一卷，10卷为一捆；纸币不够整把的，从大额到小额顺放，硬币不足一卷的一般不送存银行。

（2）每清点完一种券别，应将其金额填入相应的币种栏内。

（3）填写小写金额必须使用钱币专用分点符号，大写金额必须紧靠左边字样，大写金额到元为止，必须在元后填写整字。

（4）交款日期必须为交款的当日。

（5）收款人名称应填写全称。

（6）款项来源要如实填写。

（7）大小写金额的书写要标准。

（8）券别明细账的张数和金额必须与各券别的实际数一致，如1元、5角等既有纸币又有硬币的，要分别填写纸币和硬币合计的张数和金额。

（9）审核开户银行退回的回单是否加盖了“现金收讫”和“银行印鉴”章。

【例5-2】华南商业大厦在2018年12月18日将当日百货柜售货现金存入其开户银行（××市商业银行，账号为53010234）。其中，100元券80张、50元券289张、20元券45张、10元券37张、5元券6张、2元券3张、1元券9张、5角券32张、2角券9张、1角券60张、5分硬币1枚。请填制一张现金进账单。

华南商业大厦填制的现金进账单（如图5-8所示）：

银行现金存款凭条

2018年12月18日

存款人	全称	华南商业大厦		
	账号	53010234	款项来源	售货款
	开户行	××市商业银行	交款人	×××

金额(大写)人民币贰万叁仟柒佰捌拾捌元捌角伍分　金额(小写)

百	十	万	千	百	十	元	角	分
	¥	2	3	7	8	8	8	5

票面	张数	十	万	千	百	十	元	票面	张数	千	百	十	元	角	分
壹佰元	80			8	0	0	0	伍角	32			1	6	0	0
伍拾元	289		1	4	4	5	0	贰角	9				1	8	0
贰拾元	45				9	0	0	壹角	60				6	0	0
拾元	37				3	7	0	伍分	1（枚）						5
伍元	6					3	0	贰分							
贰元	3						6	壹分							
壹元	9						9	其他							

××市商业银行
2018.12.18
现金清讫
(01)

图5-8 现金进账单（2）

5.5 记账凭证的填写

记账凭证是指根据经济业务发生后取得的原始凭证填制的会计凭证。必须保证记账凭证内容的完整性，其基本内容的填制缺一不可。记账凭证按照不同的标准可以划分成不同种类，但无论是什么样的凭证，其基本内容都是一样的。

5.5.1 记账凭证的基本内容

记账凭证的基本内容包括：记账凭证的名称（如现金收款凭证、银行收款凭证、转账凭证等）；记账凭证的编号；填制凭证的日期；经济业务的内容摘要；账户的名称、借贷方向、金额；相关人员的签章。

5.5.2 记账凭证的填制要求

1）记账凭证填制的总体要求

在填制记账凭证时，要按照规定将各项内容填写齐全，保证记账凭证内容的完整性，具体要求为：

（1）填制的日期。记账凭证的日期应为填制凭证的日期，而不是原始凭证所记载的日期。

（2）凭证编号。记账凭证应根据业务发生顺序按不同的种类连续编号。在一个月内应当连续编号，一张记账凭证编一个号，不得跳号、漏号、重号、错号，每月重新编排，以便查核。一笔经济业务需要编制多张记账凭证时，可采用“分数编号法”。例如，一笔经济业务需要编制两张转账凭证，凭证的顺序号为20号时，可编为转字$20\frac{1}{2}$号、转字$20\frac{2}{2}$号。前面的整数表示业务顺序；分子表示两张转账凭证中的第1张和第2张，分母表示共编制了两张记账凭证。

（3）经济业务摘要。每张凭证只能反映一笔经济业务。记账凭证的摘要栏是对经济业务的简要说明，填写时要简明扼要，正确表达出经济业务的主要内容。

（4）会计科目。在填制记账凭证时，会计科目使用必须正确，必须选用会计制度统一规定的会计科目填写，要填写科目名称。一笔经济业务涉及的会计科目在一页记账凭证上不够填列的，可在第二页记账凭证上连续填列，凭证编号采用前述“分数编号法”。

（5）金额。借方或贷方金额应与对应的科目在同一行。金额的记账方向、大小写数字必须正确，符合数字书写规范，角位分位要填满。合计金额的第一位数字前要加人民币符号（￥）。经济业务填制完毕后，如有空行，应当自金额栏最后一笔金额数字下的空行处至合计数上的空行处划线注销。

（6）所附原始凭证张数。发生该项经济业务时取得的原始凭证要附在记账凭证背面，以表明经济业务的真实性与客观性。如两张或两张以上的记账凭证依据同一原始凭证填制，则应在未附原始凭证的记账凭证上注明：原始凭证×张，附于第××号凭证之后。例如，用支票购物，同时又用现金在同一时间、同一地点购物，供货单位只开了一张发票。此时，应制作两张记账凭证，原始凭证只能附在其中一张后面，另一张记账凭证后面无原始凭证，需要在记账凭证摘要栏中注明附原始凭证的记账凭证的凭证号。

附件的张数应用阿拉伯数字填写。记账凭证张数计算的原则是：没有经过汇总的原始凭证，按自然张数计算，有一张算一张；经过汇总的原始凭证，每一张汇总单或汇总表算一张。例如，某职工填报的差旅费报销单上附有车票、船票、住宿发票等原始凭证26张，26张原始凭证在差旅费报销单上的“所附原始凭证张数”栏内已作了登记，在计算记账凭证所附原始凭证张数时，这一张差旅费报销单连同其所附的26张原始凭证一起只能算一张。

（7）填制凭证人员、稽核人员、记账人员、会计机构负责人、会计主管人员签名或者盖章。记账凭证所涉及的有关人员要按凭证传递顺序逐一签章，以明确经济责任。

（8）记账凭证填写完毕，应进行复核与检查，并进行试算平衡。

（9）填制记账凭证发生差错时，应当重新填制；当年内发现错误的，用红字填一张与原内容相同的凭证，在摘要栏注明注销××年×月×日×号凭证，同时再用蓝字填制一张正确的凭证，注明订正××年×月×日×号凭证。

2）三种记账凭证的填制方法

记账凭证按照反映的经济内容来划分，可分为收款凭证、付款凭证和转账凭证三种。下面分别介绍这三种凭证的填制方法。

（1）收款凭证的填制方法。收款凭证（如图5-9所示）是用来记录货币资金收款业务的凭证，它是由出纳人员根据审核无误的原始凭证收款后填制的。在借贷记账法下，收款凭证左上方所填列的借方科目应是“库存现金”或“银行存款”科目，贷方科目应填列与“库存现金”或“银行存款”相对应的科目。金额栏内填列经济业务实际发生的数额，在凭证的右侧填写所附原始凭证的张数，并在出纳及制单处签名或盖章。

收 款 凭 证

借方科目： 年 月 日 收字第 号

摘 要	贷方科目		金 额										√
	总账科目	明细科目	千	百	十	万	千	百	十	元	角	分	
合 计													

附凭证 张

会计主管 记账 复核 出纳 制单

图5-9 收款凭证（1）

凭证左上角“借方科目”处，按照业务内容选填“银行存款”或“库存现金”科目；凭证上方的“年、月、日”处，填写财会部门受理经济业务事项制证的日期；凭证右上角的“ 字第 号”处，填写“银收”或“收”字和已填制凭证的顺序编号；“摘要”栏填写能反映经济业务性质和特征的简要说明；“贷方科目”栏填写与银行存款或现金收入相对应的一级科目和二级科目；“附凭证 张”处，填写所附原始凭证的张数；凭证下边分别由相关人员签字或盖章；“记账”栏则应在已经登记账簿后划“√”符号，表示已经入账，以免发生漏记或重记错误。在最下面的“会计主管”“记账”“复核”“出纳”“制单”处，需要相关人员签字或盖章。

【例5-3】2018年3月20日，华伟有限公司收到采购员张华归还的借款现金5 000元。请填制一张记账凭证。

分析：该项经济业务现金增加，其他应收款减少，应填制一张现金收款凭证（如图5-10所示）。

收　款　凭　证

借方科目：库存现金　　　　2018年3月20日　　　　收字第19号

摘要	贷方科目		金额										√
	总账科目	明细科目	千	百	十	万	千	百	十	元	角	分	
归还应收款	其他应收款	张华					5	0	0	0	0	0	
合计						¥	5	0	0	0	0	0	

附凭证1张

会计主管　王群　　记账　张晓伟　　复核　　出纳　　制单

图5-10　收款凭证（2）

（2）付款凭证的填制方法。付款凭证（如图5-11所示）是根据现金和银行存款付出业务的原始凭证编制，专门用来填列付款业务会计分录的记账凭证。根据现金付出业务的原始凭证编制的付款凭证，称为现金付款凭证；根据银行存款付出业务的原始凭证编制的付款凭证，称为银行存款付款凭证。付款凭证既是登记现金日记账、银行存款日记账以及有关明细分类账总分类账的依据，也是出纳员付款的依据。付款凭证上需要有会计主管、记账、复核、出纳、制单人员的签字。

付 款 凭 证

贷方科目：　　　　　　　　年　月　日　　　　　　　　付字第　号

摘　要	借方科目		金　额										√
	总账科目	明细科目	千	百	十	万	千	百	十	元	角	分	
合　计													

附凭证　张

会计主管　　　　记账　　　　复核　　　　出纳　　　　制单

图5-11　付款凭证（1）

付款凭证的格式及填制方法与收款凭证基本相同，只是将凭证的“借方科目”与“贷方科目”栏目交换位置；填制时先填写“贷方科目”的“库存现金”或“银行存款”科目，再填写作为与付出现金或银行存款相对应的一级科目和二级科目。

对于现金和银行存款之间以及各种银行存款之间相互划转业务的，一般只填制一张付款凭证。如从银行取出现金备用，根据该项经济业务的原始凭证，只填制一张银行存款付款凭证。记账时，根据该凭证同时记入“库存现金”和“银行存款”账户。这种方法不仅可以减少记账凭证的编制，而且可以避免重复记账。

【例5-4】2019年4月13日，为购买原材料A，华伟有限公司用银行存款支付了11 300元。请填制一张记账凭证。

分析：该项经济业务反映的是银行存款的付出，应填制一张银行存款的付款凭证（如图5-12所示）。

付 款 凭 证

贷方科目：银行存款　　　　2019年4月13日　　　　付字第10号

摘　要	借方科目		金　额										√
	总账科目		明细科目	千	百	十	万	千	百	十	元	角	分
付材料款	原材料	A材料					1	0	0	0	0	0	
	应交税费	应交增值税						1	3	0	0	0	
合　计						¥	1	1	3	0	0	0	

附凭证2张

会计主管　王群　　　　记账　张晓伟　　　　复核　　　　出纳　　　　制单

图5-12　付款凭证（2）

（3）转账凭证的填制方法。转账凭证（如图5-13所示）是根据转账业务（即不涉及现金和银行存款收付的各项业务）的原始凭证填制或汇总原始凭证填制的，用于填列转账业务会计分录的记账凭证。转账凭证是登记有关明细账与总分类账的依据。

转 账 凭 证

年 月 日　　　　转字第 号

摘　要	总账科目	明细科目	借方金额										√	贷方金额										√
			千	百	十	万	千	百	十	元	角	分		千	百	十	万	千	百	十	元	角	分	
合计																								

附凭证　张

会计主管　　记账　　复核　　出纳　　制单

图5-13　转账凭证（1）

在借贷记账法下，将经济业务所涉及的会计科目全部填列在凭证内，借方科目在先，贷方科目在后，将各会计科目所记应借应贷的金额填列在“借方金额”或“贷方金额”栏内。借方金额合计数和贷方金额合计数应该相等。制单人应在填制凭证后签名或盖章，并在凭证的右侧填写所附原始凭证的张数。

在会计实务中，转账凭证用以编制不涉及“库存现金”和“银行存款”科目的会计分录，而涉及“库存现金”或者“银行存款”科目的会计分录应当编制现金凭证或者银行存款凭证（也可以是收款凭证或者是付款凭证）。

【例5-5】2019年3月31日，华伟有限公司进行完工产品的结转，将已经完工的价值15 000元的产品从车间转入仓库。请问如何填制记账凭证？

分析：这项业务既不涉及现金，也不涉及银行存款，应填制一张转账凭证（如图5-14所示）。

转 账 凭 证

2019年3月31日 转字第10号

摘要	总账科目	明细科目	借方金额										√	贷方金额										√
			千	百	十	万	千	百	十	元	角	分		千	百	十	万	千	百	十	元	角	分	
完工产品入库	产成品	A产品				1	5	0	0	0	0	0												
	生产成本	A产品															1	5	0	0	0	0	0	
合计					¥	1	5	0	0	0	0	0				¥	1	5	0	0	0	0	0	

附凭证2张

会计主管 王群 记账 张晓伟 复核 出纳 制单

图5-14 转账凭证（2）

5.5.3 记账凭证的审核

记账凭证的内容填制人员要进行以下审核：

（1）按照原始凭证的审核要求，对所附的原始凭证进行复核。

（2）账户名称的使用是否符合经济业务内容，是否规范，对应关系是否清晰、完整，金额计算是否正确。

（3）凭证有无合法的原始凭证作为依据，凭证的内容、金额是否与其所附的原始凭证完全一致。

（4）各项凭证要素是否填写齐全，有无签章，手续是否完备等。

（5）在审核中发现记账凭证有差错，应查明原因重新填制或按规定方法予以更正。

（6）一张记账凭证填制完毕，应按所使用的记账方法，加计合计数，以检查对应账户的平衡关系。

（7）记账凭证必须连续编号，以便考查且避免凭证散失。

（8）每张记账凭证都要注明附件张数，以便于日后查对。主要的内容填写完毕后，填制人员还应将所附原始凭证的张数填列在凭证的右侧，并在相应位置签名或盖章。会计主管、记账、复核、出纳等会计人员也应在相应的栏目内签字或者盖章。

5.6 会计账簿的登记

虽然收银凭证记录了经济业务的发生和完成情况，但这种记录是个别的、零星的、分散的，要全面、连续、系统地反映各单位在一定时期内某一类或全部经济业务的情况，就要掌握在记账凭证基础上使用、登记会计账簿。

会计账簿是指由一定格式的账页组成的，以经过审核的记账凭证为依据，全面、系统、连续地记录各项经济业务的簿籍。

5.6.1 会计账簿的分类

会计账簿的分类如图5-15所示。

分类依据	所分类别		举例说明
按用途分	序时账		如：库存现金日记账、银行存款日记账
	分类账	总分类账	如：库存商品总分类账、应收账款总分类账
		明细分类账	如：库存商品——甲产品明细账
	备查账		如：应收票据登记簿
按账页格式分	三栏式账簿		如：总分类账、日记账、资本债权债务明细账
	多栏式账簿		如：收入、费用明细账
	数量金额式账簿		如：原材料、库存商品、产成品明细账
按外表形式分	订本账		如：总账、库存日记账、银行存款日记账
	活页账		如：各种明细账
	卡片账		如：固定资产卡片账

图5-15　会计账簿的分类

5.6.2 会计账簿的内容

（1）封面：表明账簿的名称。

（2）扉页：列明科目索引（如图5-16所示）及账簿启用和经营管理人员一览表（如图5-17所示）

目　录

年度

账　号	科　目	起讫页数	账　号	科　目	起讫页数	账　号	科　目	起讫页数

图5-16　科目索引

账簿启用表										
单位名称										单位公章
账簿编号			字第 号第 册共 册							
账簿页数			本账簿共计50页100号							
启用日期			年 月 日							
经营人员		接管			移交			会计负责人		备注
姓名	盖章	年	月	日	年	月	日			
印花税票粘贴处										

图 5-17 账簿启用和经营管理人员一览表

（3）账页：用来记录经济业务事项的载体（如图 5-18 所示）。

明细账

子目及题目： 第 页

年		凭证编号		摘要	借方									贷方									借或贷	余额									核对
月	日	字	号		百	十	万	千	百	十	元	角	分	百	十	万	千	百	十	元	角	分		百	十	万	千	百	十	元	角	分	

图 5-18 账页

5.6.3 会计账簿登记规则

账簿是形成和储存会计信息的主要工具，登记账簿是会计的基础工作，为了保证记账的准确、完整，并便于查阅和长期保存，登记账簿应遵循下列规则：

1）认真审核会计凭证

登记账簿必须以经过审核无误的记账凭证及所附的原始凭证为依据。

2）全部内容填列整齐

记账时，应将记账凭证上的日期、凭证种类和编号、摘要和金额逐项登入账内，要将账页上的有关资料填写整齐，做到登记及时、数字准确、字迹工整。

3）做好登账标记

记账后要在记账凭证上签章，注明所记账簿的页次或划“√”号，以防重记或漏记。

4）用笔要求

为了使账簿记录清晰整洁，耐久保存，登记账簿必须使用蓝色或黑色墨水钢笔书写，不得使用铅笔和圆珠笔。但在下列情况下，可以使用红色墨水书写：

（1）在单向登记的多栏式账页中，登记减少数。

（2）用红字更正法更正错账。

（3）结账划线。

（4）在三栏式账户的余额栏前，如未印明余额方向的，在余额栏登记负数余额。

（5）会计制度中规定用红字登记的其他经济业务。

5）书写要求

账簿中文字和数字的书写必须规范、整洁、清晰，应紧贴底线，在上面留有适当的空距，一般应占格长的1/2或2/3，以便留有改错的空间。

6）连续登记账页

各种账簿应按页次顺序连续登记，不得跳行、隔页。如果发生跳行、隔页，应将空行空页用红线对角划掉或注明“此行空白”或“此页空白”字样，并由记账人员签章确认。

7）结出账户余额并标明方向

凡需要结出余额的账户，应定期结出余额，并在“借或贷”栏内填写“借”或“贷”字样，用以表示余额的方向；没有余额的账户，应在“借或贷”栏内填写“平”字，并在“余额”栏用“0”表示。

8）账页结转

每一账页登记完毕结转下页时，应在账页的最末一行结出本页发生额合计数和余额，并在摘要栏中注明“过次页”，在次页第一行记入上页的合计数和余额，并在摘要栏中注明“承前页”，以保持账页之间登记的连续性。

9）更正错账

账簿记录发生错误后，应根据错误的性质和发现时间的不同，按规定的办法进行更正，严禁涂改、刮擦、挖补、用药水更改字迹或撕毁账页等。

5.6.4 日记账登记方法

日记账又称序时账簿，是指根据经济业务发生的先后顺序逐日逐笔进行连续登记的账簿。按其记录的经济业务内容不同，日记账又分为普通日记账和特种日记账两种。

普通日记账是用来登记全部经济业务发生情况的日记账。它通常是把会计分录按照经济业务发生的先后顺序记入账簿中，作为连续登记分类账的依据，在实际工作中已很少应用。

特种日记账是指用来登记特定经济业务的日记账，如库存现金日记账和银行存款日记账。

1）库存现金日记账的登记方法

（1）库存现金日记账通常根据审核无误的现金收付款凭证逐日逐笔按照经济业务发生的顺序进行登记并随时结出余额。为了加强对企业现金的管理和监督，库存现金日记账采用订本式账簿。库存现金日记账在登记时，除了遵循账簿登记的基本规则之外，还应注意以下栏目的填写方法：

①日期：“日期”栏填写的应为据以登记账簿的记账凭证上的日期，不能填写原始凭证上记载的日期，也不能填写实际登记账簿的日期。

②凭证编号：“凭证编号”栏中应填入据以登账的记账凭证的类型及编号，如“收字××号”。

③摘要：“摘要”栏简明扼要说明经济业务的内容，与据以登记账簿的记账凭证上的摘要一致。

④借方、贷方：“借方”栏、“贷方”栏，应根据登记账簿的记账凭证中记录“库存现金”科目的借贷方向及金额记入。

⑤余额：“余额”栏应根据“本行余额=上行余额+本行借方-本行贷方”的公式计算逐日结出余额并登记。余额方向在借方。

（2）库存现金日记账的结账。库存现金日记账结账是在本期（一般为本月）已将现金收付业务全部登记入账并进行对账无误后，结出本期（本月）借贷方发生额合计数及月末余额，在“摘要”栏注明“本月合计”字样，并在本行上下各画一条“通栏单红直线”。年度结账时，应结出全年借贷方发生额和年末余额，在“摘要”栏应注明“结转下年”字样，并在本行下画上“通栏双红直线”。

【例5-6】华伟有限公司2018年3月发生如下经济业务：

①25日，华伟有限公司收到采购员张华归还的借款现金5 000元（收字15号）。

借：库存现金　　5 000

　贷：其他应收款　　5 000

②26日，为行政部门购买办公用品，用现金支付了700元（付字21号）。

借：管理费用　　700

　　贷：库存现金　　　　　　　　　　　　　　　　　　700

③30日，到银行存现金3 000元（付字22号）。

借：银行存款　　　　　　　　　　　　　　　　3 000

　　贷：库存现金　　　　　　　　　　　　　　　　　　3 000

据此登记库存现金日记账（如图5-19所示）。

库存现金日记账

第35页

2018年		凭证编号		摘要	借方									贷方									借或贷	余额									核对
月	日	字	号		百	十	万	千	百	十	元	角	分	百	十	万	千	百	十	元	角	分		百	十	万	千	百	十	元	角	分	
3	20			承前页				7	8	5	0	0	0				6	6	8	0	0	0	借				1	1	7	0	0	0	
	25	收	15	收回借款				5	0	0	0	0	0										借				6	1	7	0	0	0	
	26	付	21	购买办公用品														7	0	0	0	0	借				5	4	7	0	0	0	
	30	付	22	存款													3	0	0	0	0	0	借				2	4	7	0	0	0	
	31			本月合计			1	2	8	5	0	0	0			1	0	3	8	0	0	0	借				2	4	7	0	0	0	

图5-19　库存现金日记账

2）银行存款日记账的登记方法

银行存款日记账通常根据审核后的银行存款收付款凭证逐日逐笔，按照经济业务发生的顺序进行登记并随时结出余额。为了加强对企业银行存款的管理和监督，银行存款日记账采用订本式账簿。银行存款日记账的登记与现金日记账的登记类似，此处不再做详细说明。

5.6.5　总分类账和明细账的登记

总分类账簿，简称总账，是指根据总分类科目设置，用来提供总括核算资料的分类账簿。

明细分类账簿，简称明细账，是指根据总分类科目所属二级或明细科目设置，用来提供比较详细核算指标的分类账簿。明细分类账是对总账的补充和具体化，并受到总分类账的控制和统驭。

1）总分类账的登记方法

总分类账簿一般采用三栏式账页格式进行登记，即在账页中设置借方、贷方和余额三个金额栏。三栏式总分类账的登记，可以根据各种记账凭证逐笔登记（记账凭证账务处理程序），也可根据汇总记账凭证（汇总记账凭证账务处理程序）或科目汇总表汇总登记（科目汇总表账务处理程序），还可以根据多栏式现金日记账、银行存款日记账逐笔或定期登记，本项目以根据“记账凭证账务处理程序”登记总账为例进行介绍。

2）明细分类账簿的登记方法

明细分类账簿是按照二级或明细科目设置的账簿，一般采用活页式账簿。各单位应结合自己的经济业务特点和经营管理要求，在总分类账的基础上设置若干明细分类账，作为总分类账的必要补充。明细分类账按账页格式不同，主要有三栏式、数量金额式、多栏式三种。本项目主要介绍三栏式明细分类账簿的登记。三栏式明细分类账簿的账页格式与三栏式总分类账簿的账页格式相同，即只设有借方、贷方和余额三个金额栏，不设数量栏。

总分类账与明细分类账登记时，应遵循会计账簿的登记原则，并采取总分类账户与其所属的明细分类账户平行登记的方法进行登记。平行登记的要点是对于发生的每一笔经济业务，既要在总分类账户进行总括登记，又要在其所属明细分类账户中进行明细登记，登记过程不能漏记或重记。其要点就是同时登记、同向登记、同额登记。

下面以资产类账户“应收账款”为例，说明平行登记的方法：

【例 5-7】华伟有限公司2019年4月发生如下经济业务：

①4 月 12 日，销售给新华公司甲产品一批，价款 20 000 元，增值税 2 600 元，价税合计 22 600 元，产品已发出货款尚未收取。(记账凭证编号为总字第 12 号)

借：应收账款——新华公司　　22 600

　贷：主营业务收入　　20 000

　　　应交税费——应交增值税（销项税额）　　2 600

②4 月 15 日，收到求新公司前欠货款 20 000 元，存入银行。(凭证编号为总字第 16 号)

借：银行存款　　20 000

　贷：应收账款——求新公司　　20 000

③4 月 18 日，销售给求新公司乙产品一批，价款 10 000 元，增值税 1 300 元，价税合计 11 300 元，产品已发出款项未收取。(记账凭证编号为总字第 20 号)

借：应收账款——求新公司　　11 300

　贷：主营业务收入　　10 000

　　　应交税费——应交增值税（销项税额）　　1 300

④4 月 20 日，收到新华公司前欠货款 22 600 元，存入银行。(凭证编号为总字第 24 号)

借：银行存款　　22 600

　贷：应收账款——新华公司　　22 600

假设“应收账款——新华公司”明细账账页为第8页，第一行资料已知，从第二行开始填制。“应收账款——求新公司”明细账账页为第6页，第一行资料已知，从第二行开始填制。“应收账款”总账账页为第2页，第一行资料已知，从第二行开始填制。

“应收账款——新华公司”明细账账页登记（如图5-20所示）：

应收账款　明细账

子目及题目：新华公司　　　　第8页

2019年		凭证编号		摘要	借方									贷方									借或贷	余额									核对
月	日	字	号		百	十	万	千	百	十	元	角	分	百	十	万	千	百	十	元	角	分		百	十	万	千	百	十	元	角	分	
4	9			承前页																			平							0			
	12	总	12	销售甲产品款未收			2	2	6	0	0	0	0										借			2	2	6	0	0	0	0	
	20	总	24	收到前欠货款												2	2	6	0	0	0	0	平							0			
	30			本月合计			2	2	6	0	0	0	0			2	2	6	0	0	0	0	平							0			

图5-20　华伟公司应收账款明细账（1）

“应收账款——求新公司”明细账账页登记（如图5-21所示）：

应收账款　明细账

子目及题目：求新公司　　　　第6页

2019年		凭证编号		摘要	借方									贷方									借或贷	余额									核对
月	日	字	号		百	十	万	千	百	十	元	角	分	百	十	万	千	百	十	元	角	分		百	十	万	千	百	十	元	角	分	
4	9			承前页																			借			3	0	0	0	0	0	0	
	15	总	16	收到前欠货款												2	0	0	0	0	0	0	借			1	0	0	0	0	0	0	
	18	总	20	销售乙产品款未收			1	1	3	0	0	0	0										借			2	1	3	0	0	0	0	
	30			本月合计			1	1	3	0	0	0	0			2	0	0	0	0	0	0	借			2	1	3	0	0	0	0	

图5-21　华伟公司应收账款明细账（2）

“应收账款”总账账页登记（如图5-22所示）：

应收账款 总账

子目及题目：华伟公司 第10页

2019年		凭证编号		摘要	借方									贷方									借或贷	余额									核对
月	日	字	号		百	十	万	千	百	十	元	角	分	百	十	万	千	百	十	元	角	分		百	十	万	千	百	十	元	角	分	
4	9			承前页																			借			3	0	0	0	0	0	0	
	12	总	12	销售甲产品款未收			2	2	6	0	0	0	0										借			5	2	6	0	0	0	0	
	15	总	16	收到前欠货款												2	0	0	0	0	0	0	借			3	2	6	0	0	0	0	
	18	总	20	销售乙产品款未收			1	1	3	0	0	0	0										借			4	3	9	0	0	0	0	
	20	总	24	收到前欠货款												2	2	6	0	0	0	0	借			2	1	3	0	0	0	0	
	30			本月合计			3	3	9	0	0	0	0			4	2	6	0	0	0	0				2	1	3	0	0	0	0	

图5-22 华伟公司应收账款总账

从登记结果可以看出同一笔经济业务，在同一时间按照金额相同、方向相同的原则，同时在明细账和总账中进行了登记。

知识回顾

一、填空题

1. 发票是指所有单位和个人在购销商品、提供劳务或接受劳务、服务以及从事其他经营活动时，所提供给对方的________的书面证明，是财务收支的法定________。

2. 普通发票的基本联次为________。

3. 增值税专用发票是专用于________销售或者提供增值税应税项目的一种发票。它既具有普通发票的性质，还具有比普通发票更特殊的作用。

4. 付款人是指支票上记载的________开户银行。

5. 填写大写日期时，壹月、贰月和拾月前要加写“________”字，叁月至玖月可加或可不加“零”字。拾壹月至拾贰月前必须加写“________”字。

6. 壹日至玖日、拾日、贰拾日、叁拾日前要加“零”字，拾壹日至拾玖日前要加“壹”字。例如，2008年8月7日大写为：贰零零捌年捌月________日。

7. 支票见________即付，不记名。

8. 人民币小写时，最高金额的前一位空白处需使用“________”符号。

9. 银行进账单为一式三联，填写时应用________复写纸套写。

10. 现金进账单是客户到银行办理资金________业务的凭证。

二、不定项选择题

1. 下列各项中，不符合票据和结算凭证填写要求的是（　　）。

A. 中文大写金额数字到“角”为止，在“角”之后不写“整”字

B. 票据的出票日期使用阿拉伯数字填写

C. 阿拉伯小写金额数字前填写人民币符号

D. 2月12日出票的票据，票据的出票日期填写为“零贰月壹拾贰日”

2. 某出票人于10月20日签发一张现金支票。对该支票出票日期中“月”“日”的下列填法中，符合《中国人民银行支付结算办法》规定的是（　　）。

A. 拾月贰拾日　　B. 零拾月零贰拾日

C. 壹拾月贰拾日　　D. 零壹拾月零贰拾日

3. 填写票据出票日期时，“2月12日”应填写成（　　）。

A. 贰月拾贰日　　B. 零贰月拾贰日

C. 零贰月壹拾贰日　　D. 贰月壹拾贰日

4. 符合票据填写要求的是（　　）。

A. 中文大写金额数字到分为止

B. 票据的出票日期均为大写

C. 阿拉伯数字前填人民币符号

D. 3月3日的出票日期填写为“零叁月零叁日”

5. 下列事项中不属于支票必须记载的事项是（　　）。

A. 金额　　B. 出票日期

C. 出票人签章　　D. 出票人单位的电话号码

6. 对于库存现金和银行存款之间的款项往来，应填制（　　）。

A. 收款凭证　　B. 付款凭证

C. 记账凭证　　D. 转账凭证

7. 增值税专用发票与普通发票的区别在于（　　）。

A. 印制发票的企业不同　　B. 使用发票的主体不同

C. 发票的内容不同　　D. 发票的作用不同

8. 不符合支票填制要求的是（　　）。

A. 出票日期要大写

B. 票据出票日期使用小写填写，银行可予受理，但由此造成的损失由出票人自行承担

C. 签发支票应使用碳素墨水填写

D. 银行账号必须小写

9.收款凭证的填制方法是（　　）。

A.凭证左上角“借方科目”处，按照业务内容选填“银行存款”或“库存现金”科目

B.日期填大写

C.“摘要”栏填写能反映经济业务性质和特征的简要说明

D.“记账”栏则应在已经登记账簿后划“√”符号，表示已经入账

10.现金进账单是客户到银行办理资金收付业务的凭证，下列表述错误的是（　　）。

A.它是银行和客户内部的记账依据

B.它可作为发货的依据

C.它证明了银行与客户之间发生了资金收付关系

D.它可以作为原始凭证

三、判断题

1.支票上印有“现金”字样的为现金支票，现金支票既能用于支取现金，也能用于转账。（　　）

2.使用小写填写出票日期的票据，银行可予受理。（　　）

3.收款凭证是指用来反映货币资金减少业务而编制的凭证。（　　）

4.对于库存现金和银行存款之间以及各种银行存款之间相互划转业务的，一般只填制一张付款凭证。（　　）

5.转账支票只能用于转账，它适用于存款人给不同城市范围内的收款单位划转款项。（　　）

6.现金进账单必须在交款当日填制。（　　）

7.普通支票左上角划两条平行线的，为划线支票，可以用于转账，也能支取现金。（　　）

8.转账支票提示付款期限为20日。（　　）

9.转账凭证用以编制不涉及“库存现金”和“银行存款”科目的会计分录。（　　）

10.受票人如果发现支票填写不全，可以补记，但不能涂改。（　　）

11.2月12日出票的票据，票据的出票日期填写为“零贰月壹拾贰日”。（　　）

12.如果金额数字书写中使用繁体字，如貳、陸、億、萬、圓的，不应受理。（　　）

13.票据出票日期使用小写填写的，银行不予受理。大写日期未按要求规范填写的，银行也不予受理。（　　）

14.支票分为现金支票、转账支票和普通支票。现金支票可用于支取现金，也可进行背书转让；转账支票只能用于转账；普通支票可以用于支取现金，也可用于转账。（　　）

四、操作题

1.根据支票填制的要求，将以下日期改成大写。

（1）1998年6月24日　　（2）1999年11月2日　　（3）2001年9月24日

（4）2018年12月1日　　（5）2016年1月11日　　（6）2012年3月14日

（7）2011年3月15日　　（8）2015年3月31日　　（9）2008年12月23日

2.练习中文大写，将以下小写金额改成大写。

（1）20 034.00　　（2）145 890　　（3）123.54　　（4）567 000.23

（5）3 000 672　　（6）9 800 321　　（7）87 356 200　　（8）3 004 500

3.根据下列交易事项，填制记账凭证。

（1）5月6日，从H公司购进甲材料一批，增值税专用发票上记载的货款为80 000元，增值税10 400元。款项尚未支付，材料已验收入库。

（2）5月9日，接受大华公司投资的机器设备一台，价值30 000元。

（3）5月10日，生产A产品领用原材料40 000元。

（4）5月13日，销售丙产品一批给四方公司，售价10 000元，增值税税率为13%，商品已发出，款项尚未收到。

（5）5月16日，从银行取出备用金5 000元。

（6）5月20日，用现金260元购买办公用品一批。

（7）5月21日，收到四方公司归还的应收账款11 700元。

（8）5月25日，用银行存款支付购入H公司甲材料的货款及税款93 600元。

（9）5月31日，按规定计提固定资产折旧38 000元。其中：生产车间使用的固定资产应计提折旧费20 000元；公司行政管理部门使用的固定资产应计提折旧费18 000元。

（10）5月31日，仓库发出材料一批。其中，10 000元甲材料用于A产品，5 000元乙材料用于车间维修，8 000元乙材料用于行政部门。

知识应用

一、训练目标

1. 掌握发票、支票、进账单、记账凭证的填制方法。

2. 掌握发票、支票、进账单、记账凭证的审核要点。

二、训练内容

在日常工作、生活中，我们经常会接触或填制一些与自己工作和生活息息相关的票据。比如：到商场买东西，购货付款后顾客会向售货员索取发票；售货员会给顾客开销售小票凭以付款取货；企业之间经济业务的往来需要开具转账支票或增值税发票；到银行存钱或取钱需要开具现金支票或填制现金进账单等。对于收银员来说，应准确掌握将取得的各种原始凭证填制为记账凭证的技能。因此，学生应该了解工作、生活中基本的收银知识和个人理财常识，能够熟悉和填制、审核基本的收银票据。

1. 准备好发票、支票、进账单、记账凭证等需要填制的收银凭证，将以下题目发给同学，要求在规定的时间内填写相关的凭证。

2. 把两个同学分为一组，票据填完后交给对方互相进行审核，并写出审核意见。对有问题的票据要直接指出应如何改正。

票据填写题目如下：

（1）大连华枫家具制造有限公司于2019年4月20日从大连家具大世界购买办公家具一批，单价27 080元。请按提供的下列信息填开增值税发票。

大连华枫家具制造有限公司相关信息：①纳税人识别号：91210211777700111H。②地址、电话：大连市甘井子区夏泊路108号，0411-82140000。③开户行及账号：大连银行夏泊支行，800000208002222。

大连家具大世界相关信息：①纳税人识别号：9121020232245657S。②地址、电话：大连市沙河口区西南路79号，0411-84626379。③开户行及账号：中国农业银行大连沙河口支行，210202333356789033。

（2）2019年1月19日，西宁市百货公司（开户银行：西宁市商业银行；账号：7865490）签发现金支票一张，提取备用金3 800元整。已知会计主管为王明，会计为周华。根据以上资料填开现金支票。

（3）2019年4月9日，昆明新锐有限公司（开户银行：建设银行城西支行东华路分理处；账号：98543876）向江西经贸公司购进材料一批，价款6 100元，增值税793元，总价6 893元整，以银行存款支付。根据以上资料填制记账凭证。

（4）2019年1月26日，华南商业大厦将当天家电柜台现金收入存入其开户银行（开户银行：威海市商业银行；账号：53010234）。其中：100元券89张；50元券321张；20元券45张；5元券6张；2元券3张；1元券67张；5角券43张；2角券9张；1角券60张。根据以上资料填开现金进账单（现金存款凭条）。

（5）2019年2月14日，甲公司（开户银行：工商银行城北分理处；账号：64328765）收到乙公司（开户银行：商业银行城西分理处；账号：76098003）开出的一张金额为65 437元的转账支票，用于购买材料。根据以上资料填开转账支票和银行进账单。

（6）2019年3月15日，仓库发出材料一批。其中：甲材料4 000元用于车间维修，6 000元用于厂部维修；乙材料20 000元用于丙产品生产。根据以上资料填制记账凭证。

三、训练方法

模拟实训法和教师讲评法相结合。

四、训练要求

通过训练，要求学生能够达到以下要求：

1. 遵守票据使用和填制的有关财经法规，能够按章办事。

2. 在填制和审核票据时，具有认真、严谨、细致、负责的工作态度。

3. 通过填制各种经济业务和个人理财票据，熟悉各种经济业务和个人生活中常见理财业务办理的流程。

4. 能够正确判断各种经济业务发生时所需填制的收银票据的种类。

5. 掌握各种经济业务和生活中常见票据的规范使用、填制和审核方法。

6. 能根据各种经济业务和生活中常见理财业务的流程，按照有关规定和要求正确地使用、填制和审核各种收银票据；掌握票据填制、审核的基本技能。

五、考核与评价建议

1. 凭证填制

（1）以上填制的6张凭证，每一张全部填对计10分。

（2）出现以下问题的不计分：

① 用铅笔或圆珠笔填写。

② 有刮擦涂改的情况。

③ 金额计算错误。

④ 记账凭证会计科目错误或借贷方向错误。

⑤ 支票日期填成小写。

（3）在填写中发生其他漏填、错填的，根据情况酌情扣分。

2. 凭证审核

（1）审核中不发生遗漏的计10分。

（2）审核报告完整的计10分。

（3）提出正确整改意见的计10分。

项目六

心 算

学习目标

知识目标

1. 了解心算的基本方法；
2. 熟悉简易心算加法、减法、乘法、除法的运用；
3. 掌握心算数字的组合和心算加法、减法的技能。

技能目标

1. 具备简单的加减乘除心算的能力，并能够做到手、脑、眼配合；
2. 能够灵活地将心算运用到实际工作中。

引导案例

王小红在某商场挑选了一件363元的衣服和一条436元的裤子。在收银台付款时，收银机突然停电，只见收银员看了一眼购物单，马上报出应收款为799元，这让王小红感到非常惊讶。其实收银员是用了对位加法的心算法。

案例点评：从本案例可以看出，收银员掌握心算技巧对于日常工作很有帮助，既提高了工作效率、丰富了工作技能，又提高了自身的职业素养。

6.1 心算的基础练习方法

心算，也叫脑算式口算，它是通过大脑默算而无须动用算盘等工具进行计算，即在脑子里进行默算——默记问题，脑中算，口报答数。作为一种只凭思维及语言活动，不借助任何工具的计算方法，它能够培养使用者的计算技巧，锻炼使用者的注意力、记忆力和思维能力。心算熟练后有助于笔算，且便于在日常生活中应用。有时心算也结合珠算使用，在数字不大的情况下，用心算方法比较简捷。特别是对于柜台业务而言，运用心算更加合适。当然，要想提高加减乘除的心算能力，就必须加强心算基础的练习，可以从单个、两个和若干个数字的组合心算入手。

6.1.1 两个单个数字的组合心算

我们可以把1、2、3、4、5、6、7、8、9这些数字排列为两组。第一组为1、2、3、4，可以称为“小数组（不够5）”；第二组为5、6、7、8、9，可以称为“大数组（满5以上）”。以上两组中的数字，各以一个单数组合相加，必然出现以下三种情况：

1）加不满10

具体有下列两种情况：

（1）如果是两个“小数”相加，如1+1，4+2，4+3，4+4，3+3，3+4，3+1，2+4，2+3，2+1的和等都不会满10。

（2）如果是小数组的单个数和大数组对位（上排列）的单个数各都退一位相加，如1+8，1+7，1+6，1+5，2+7，2+6，2+5，3+6，3+5，3+4，…，其和也不满10。

2）加满10

具体有下列两种情况：

（1）5+5的和满10。

（2）小数组和大数组上述排列对位的相加，如1+9，2+8，3+7，4+6（或反加）都满10。

3）加超10

具体也有下列两种情况：

（1）大数组单个之间相加（5+5除外）都超10，如5+6，5+7，5+8，5+9，6+5，6+6，6+7，6+8，6+9，7+5，7+6，7+7，7+8，7+9，8+5，8+6，8+7，8+8，8+9，9+5，9+6，9+7，9+8，9+9相加都超过了10。

（2）以小数组与其对位的大数超前任何一个数字（1除外）相加都超10，如4+7，4+8，4+9，3+9，2+9等。

6.1.2 若干个数字的组合

若干个数字的心算组合一般有以下几种方法：

1）相同数和基本相同数字的组合法

（1）若干数字相加，数字相同，即以乘代加，用数字乘项数（个数）即得。例如：6+6+6+6=24可用6×4=24计算得到。

（2）若干数字相加，其中相同者，用相同数字乘以项数，然后对个别不相同者调整其差数。例如：6+6+6+6+8=32可用6×5+2=32计算得到；7+7+7+7+5=33可用7×5−2=33计算得到。

2）等差数列组合法

若干个连续数字相加的组合法：

（1）项数为单数时，则其和为中项×项数。例如：3+4+5=4×3=12；2+4+6=4×3=12；1+3+5=3×3=9。

（2）项数为双数时，则其和为（首项+末项）×项数/2。例如：5+6+7+8=（5+8）×4/2=13×2=26；1+3+5+7=（1+7）×4/2=16。

（3）若干个数是隔位连续数相加时，同样可以用：项数是单数时，其和为中间数乘项数，例如：1+5+9=5×3=15；项数是双数时，其和为首末两数之和除2再乘以项数，如3+5+7+9=（3+9）×4/2=24。

3）凑齐数组合法

若干个数字相加，先将其能凑齐的数凑成齐数10（或20等），再加其他的数字。例如：3+7+8+9+2=29，可以把3与7凑成10，再把8与2凑成10，最后再加上9等于29。

4）拆、并、凑数组合法

（1）拆、并、凑法。若干个数字相加，可以观察其中有几个可以凑10，有几个可以拆开与另外数字并凑成10，再加其他数。例如：6+4+8+1+5+7=31，可以先把6与4凑成10，再把5拆成2和3，其中2与8凑成10，3与7凑成10，最后再加1等于31。

（2）并双加倍组合法。在几个数字相加时，可以把相同的数先合并加倍，再与其他数相加。例如：2+2+4=8，可以把2合并加倍成为4，再加倍为8；又如：4+5+9=18，可以把4与5合并为9，然后9加倍为18。

此外，对于数字的组合，必须练就善于加倍和拆半数的组合能力。

6.2 心算的四则运算

6.2.1 心算加法

在心算基本组合熟练的基础上可以进行多位数相加，运算时要注意从高位算起，数位对齐，逐位相加。

1）逐步加算法（对位加法）

当两个以上多位数相加时，可先加它的最高位，默记得数，再加第二位、第三位，依次直加到最低位为止。

【例6-1】售出甲商品6.53元，乙商品6.28元，应共收款多少元？

先算：6.53+6=12.53

再算：12.53+0.2=12.73

最后算：12.73+0.08=12.81

共收款12.81元。

【例6-2】售出甲商品4.15元，乙商品6.19元，应共收款多少元？

先算：4.15+6=10.15

再算：10.15+0.10=10.25

最后算：10.25+0.09=10.34

共收款10.34元。

2）累加法

累加法就是随累随加随累计，一直算到底。

【例6-3】售出商品一批，具体品种的单价和数量见表6-1，请计算总收入。

在收款时可以用累加法计算累计金额（见表6-1）。

表6-1 用累加法计算商品收入金额表（一）

商品	单价（元/千克）	商品数量（克）	累计收入金额（元）
甲商品	3.60	1 000	3.60
乙商品	2.40	500（加1.20元）	4.80
丙商品	1.80	500（加0.90元）	5.70
丁商品	1.00	500（加0.50元）	6.20
戊商品	2.60	500（加1.30元）	7.50
己商品	1.40	500（加0.70元）	8.20

【例6-4】售出某类商品一批，其中具体品种的单价和数量见表6-2，请计算总收入。

在收款时可以用累加法计算累计金额（见表6-2）。

表6-2 **用累加法计算商品收入金额表（二）**

商品	单价（元/千克）	数量（克）	累计收入金额（元）
甲商品	3.80	1 000	3.80
乙商品	2.60	500（加1.30元）	5.10
丙商品	1.70	3 000（加5.10元）	10.20
丁商品	0.80	500（加0.40元）	10.60
戊商品	0.90	500（加0.45元）	11.05
己商品	1.20	5 000（加6.00元）	17.05
庚商品	1.44	3 000（加4.32元）	21.37

3）分组凑加法

在营业中如出现售出的商品品种不同，但需要数量相同，这就可以用分组凑加法计算。

【例6-5】某顾客购买甲商品16千克，每千克0.68元，购买乙商品16千克，每千克0.48元，则应付款多少元?

先算：0.68+0.48=1.16

再算：16×1.16=18.56

共需付款18.56元。

【例6-6】某顾客购买红星苹果14千克，每千克单价4元，又购买国光苹果14千克，每千克单价5元，请问该顾客该付多少钱?

先算1千克红星苹果和1千克国光苹果共需4+5=9元，再算14×9=126元。

4）分解算法

两数相加时，可先将较小的数字分解为两个数，使其中一个数能与较大的数加成一个带“零”的数。

【例6-7】9.66+0.96=10.62

计算时，先把0.96（较小的数）分解为0.40和0.56，使0.40+9.66=10.06，再加0.56，10.06+0.56=10.62。

【例6-8】祥华商店出售两种商品，其中甲商品售价8.46元，乙商品售价2.30元，问两种商品的价款合计是多少?

先算：8.46+2=10.46

再算：10.46+0.30=10.76

两种商品合计价款10.76元。

注意：在应用加法时，应尽量利用倍数关系进行计算。

6.2.2 心算减法

在进行减法计算时，一定要将位数对齐，从高位开始逐位相减。

1）逐步减算法

逐步减算法是一种最基本的方法，它和分步加法一样，先减去它的高位，默记得数，再减去第二位数、第三位数……一直减到最低位为止。

【例6-9】某商品货架盘点，原数为889个，已销售476个，问还存有多少个？

可采用逐步减算法：

889-400=489

489-70=419

419-6=413

还存有413个。

【例6-10】红星商店中某商品原有846支，查货架还有324支，问销售了多少支？

可采用逐步减算法：

846-300=546

546-20=526

526-4=522

销售了522支。

2）凑整减法

利用补数凑整的关系进行计算。

【例6-11】杨阳用10元买2.38元的商品，问应找回多少元钱？

可把2.38元凑上7.62元等于10元，这样，应找回7.62元。

【例6-12】商店卖给顾客3.46元的商品，顾客交来5元，问应找多少元零钱？

可把3.46元凑上1.54元等于5元，故应找零1.54元。

3）加补减法

加补减法也是利用补数关系的一种减法。如减数接近10或10的倍数，就可以先减10或10的倍数，然后再加或减它的补数即可。

【例6-13】3.86-0.58=3.28

可采用加补减法：

3.86-0.60=3.26

3.26+0.02=3.28

【例6-14】7 845-598=7 247

可采用加补减法：

7 845-600=7 245

7 245+2=7 247

4）变减法为加减法

如遇到一个数要连续减几个数的情况时，可以把应减的几个数相加，再一次减去。

【例6-15】989-124-22-32-30-44=737

可采用变减法为加减法：

124+22+32+30+44=252

989-252=737

在混合加减时，也可把应加的数和应减的数各自累加起来，然后再进行相加或相减。

【例6-16】464-24-36+68+14-34-26=426

可采用变减法为加减法：

464+68+14=546

24+36+34+26=120

546-120=426

6.2.3 心算乘法

用心算进行乘法运算，一般要注意四个要点：一是要记住逐位相乘，同位数相加，满十进位，切勿错位；二是要从高位算起，心算口念一致，便于牢记；三是要熟记大九九口诀；四是根据数字特点，灵活运用计算方法。

1）分步乘算法

用乘数从被乘数最高位数乘起，并分步默念计算过程和结果，多用于乘数为一位数时的计算，它是一种基本的算法。

【例6-17】64×6=384

可采用分步乘算法：

60×6=360

4×6=24

360+24=384

【例6-18】3 623×4=14 492

可采用分步乘算法：

3 600×4=14 400

23×4=92

14 400+92=14 492

2）以加代乘法

遇到某数乘2、4、8、16时，利用倍数关系，以加倍方法代替乘法，既快又准，在被乘数较小的情况下更为适宜。

【例6-19】429×3=1 287

可采用以加代乘法：

429+429+429=1 287

【例6-20】324×4=1 296

可采用以加代乘法：

324+324=648

648+648=1 296

3）以除代乘法

以除代乘法也叫折半算法，如某数乘以5、25、125、625等数时，可利用“半数”的道理以折半法计算更为方便快速。

（1）某数乘以5的折算。因为5×2=10，所以某数乘以5时，可将该数除以2，结果加上一个“0”（小数点后移一位）。

【例6-21】86×5=430

86÷2=43，结果加上一个“0”，为430。

【例6-22】468×50=23 400

先将468×50看成4 680×5，然后计算4 680÷2=2 340，2 340小数点后移一位为23 400。

（2）某数乘以25的折算。因为25×4=100，所以某数乘以25时，可将该数除以4，结果加上两个“0”（小数点后移两位）。

【例6-23】86×25=2 150

86÷4=21.5，21.5小数点后移两位为21 500。

【例6-24】售出苹果25斤，每斤为8.4元，应收多少钱？

8.4折半为4.2，4.2折半为2.1，按公式定位，应收的价款为210元。

（3）某数乘以125的折算。因为125×8=1 000，所以某数乘以125时，可将某数除以8（或某数÷2÷2÷2），结果加上三个“0”（小数点后移三位）。

【例6-25】84×125=10 500

84÷8=10.5，10.5小数点后移三位为10 500。

【例6-26】商店售给顾客125千克的南瓜，已知南瓜每千克1.8元，问商店应收多少钱？

1.8÷2=0.9，0.9÷2=0.45，0.45÷2=0.225，0.225小数点后移三位为225。

（4）某数乘以625的折算。同理，遇到某数乘以625的乘法，可以理解为某数连续除以四次“2”，结果加上四个“0”（小数点后移四位）。

【例6-27】64×625=40 000

64÷2=32，32÷2=16，16÷2=8，8÷2=4，在4后面加4个“0”，得到40 000。

4）扩大或缩小倍数法

扩大或缩小倍数法是利用乘法一个因数扩大若干倍，另一个因数缩小同样的倍数，而其乘积不变的性质来计算的。

【例6-28】杨明到商店买菜48千克，每千克0.34元，请问杨明应付多少元钱？

因为48是16的3倍，而34的3倍又是102，这样可把算式48×34改写成16×102，因102的首位是1，可以不乘，仍是16，再以16×2得32，而102的十位数是0，不需要再乘，只要把16和32连接起来就是1 632，经定位m+n=2+0=2，其积整数位为2位数，即应付款为16.32元。

【例6-29】商店卖给顾客9.4千克豆角，已知豆角每千克3.5元，请问商店应收多少元钱？

因为3.5加倍是7，9.4减半是4.7，则9.4×3.5可以改为4.7×7=32.9，商店应收32.9元。

【例6-30】商店售出花布72.4米，每米价格3.75元，请问商店应收多少元钱？

因为3.75加倍是7.5，再加倍是15，再加倍是30，而72.4减半是36.2，再减半是18.1，再减半是9.05，最后以9.05×30，结果为271.5，即商店应收271.5元。

5）补数乘法

两数相乘，如有一数略小于10、100、1 000等，即可使用补数乘法，将该数补成整数计算。

【例6-31】85×97=8 245

因为97的补数是3，计算时，先把97看成100，计算100×85，然后再减去3×85（即255），得到8 500−255=8 245。

6.2.4 心算除法

在数字不大的情况下，根据数字的特点适当地运用心算法，也能提高运算速度。

1）扩大倍数法

两数相除时，遇有除数在50以内，末尾数又是5的情况，可将被除数和除数都乘以2，也就是双方扩大一倍，使除数变成整数后再除，得商一致。

【例6-32】张阳用39元购买每千克为6.50元的商品，问可以买多少千克商品？

先算：39×2=78

再算：6.5×2=13

最后算：78÷13=6

可以买6千克。

【例6-33】某营业小组共获得超额奖金315元，该组成员有15人，则平均每人应获得奖金多少元？

先算：315×2=630

再算：15×2=30

最后算：630÷30=21

平均每人可获得21元。

2）以乘代除法

记住5与2、25与4、125与8、625与16等这些相关的数字就可以进行运算。如一数被0.5除，等于被2乘，被2除等于被0.5乘；一数被2.5除，等于被4乘，被4除等于被25乘……以此类推，一般求出数字后再定位即可。如440÷125，可视同44×8，得出352，定位后应为3.52。又如34÷625，可视同34×16，得出544，定位后应为0.0544。再如48÷125，可改为48×8，得出384，定位后应为0.384。

3）以加代除法

以加代除法利用5、25、125、625等可以加倍的数字，进行加法简算。如除数是5的，就把被除数加倍求商数。如460÷5，可将460加倍得到920，经定位后，商数为92。如除数是25的，就把被除数加倍后再加倍，即得所求的商数。如86÷25，可将86加倍后得172，再加倍后得344，经定位后即为3.44。如除数是625的，就把被除数进行四次加倍，即得所求的商数。如480÷625，将48进行四次加倍，即48+48=96，96+96=192，192+192=384，384+384=768，经定位后，商数为0.768。

4）折半法

凡是可以折半的数字，如除数是2、4、8、16、32、64，…，就可以将被除数折半一次、二次、三次、四次、五次、六次……来求商数。例如，212÷16，可将212折半一次为106，再折半一次为53，再折半一次为26.5，再折半一次得到商数13.25。

6.3 心算速算法

心算的方法有很多，通过我们平时的训练可以增强记忆，用起来就能得心应手。在这里，主要介绍几种简单的心算速算法。

6.3.1 加法速算

1）凑整加法

凑整加法就是凑整加差法，将要计算的数字凑成整数后加上差数，就可以加快计算的速度。如计算8+7，先将8凑成10，8+2=10，7−2=5，10+5=15。又如计算17+9，将17凑成20，9−3=6，20+6=26。

2）补数加法

补数就是两个数的和为10、100、1 000、10 000等整数。如8+2=10，8和2互为补数，78+22=100，78是22的补数，22也是78的补数。补数加法的计算速度较快，主要是减少了逐位进位的麻烦。利用补数进行加法计算的方法是十位加1，个位减补。如计算8+6，计算时在8的十位加上1，变成18，再从18中减去6的补数4，得到14。又如计算6+7，先在6的十位加上1，变成16，再从16中减去7的补数3，得到13。

6.3.2 减法速算

1）两位数减一位数的补数减法

两位数减一位数的补数减法的计算方法是：十位减1，个位加补。如计算15−8，用15减去10等于5，5再加上个位8的补数2就等于7。又如计算34−9，用34减去10等于24，24再加上个位9的补数1就等于25。再如计算64−7，用64减去10等于54，54加上个位7的补数3就等于57。

2）三位数减两位数的补数减法

三位减两位的补数减法的计算方法是：百位减1，十位加补。如计算268−89，用268减去100等于168，168再加上89的补数11就等于179。再如计算486−94，用486减100等于386，386再加上94的补数6就等于392。

3）多位数连减法

多位数连减法是采用补数加减数的方法。第一步先算出被减数的补数；第二步将所有的减数换成加数进行连加计算；第三步找出和的补数，和的补数就是所求之差数。

【例6−34】653−35−67−43−168=340

计算步骤如下：

第一步，先找出被减数653的补数347；

第二步，用347连加减数，即347+35+67+43+168=660；

第三步，660的补数为340，340就是653−35−67−43−168的差。

【例6−35】738−34−66−26=612

计算步骤如下：

第一步，先找出被减数738的补数262；

第二步，用262连加减数，即262+34+66+26=388；

第三步，388的补数是612，612就是738−34−66−26的差。

6.3.3 乘法速算

1）任意两位数乘以11的乘法

将该两位数的首数写在前，尾数写在后，首尾相加写中间（满十进位）。

【例6−36】24×11=264

计算步骤如下：

第一步，将2写在前面，4写在后面，中间留空；

第二步，计算2+4=6，将6填入2和4的中间；

第三步，24×11=264，即得到最终结果为264。

【例6−37】48×11=528

计算步骤如下：

第一步，将4写在前面，8写在后面，中间留空；

第二步，计算4+8=12，将12填入4和8的中间，并将12往前移动一位，即$\genfrac{}{}{0pt}{}{4}{1}28 = 528$；

第三步，48×11=528，即得到最终结果为528。

2）以1开头的两位数乘法

前数的尾数加上后数的和写在前，两数的尾数相乘连在后（满十进位）。

【例6−38】12×13=156

计算步骤如下：

第一步，12的尾数2加上13，即2+13=15写在前；

第二步，尾数2乘以尾数3，即2×3=6的结果6连在15的后面；

第三步，12×13=156，即得到最终结果为156。

【例6−39】17×16=272

计算步骤如下：

第一步，17的尾数7加上16，即7+16=23写在前；

第二步，尾数7乘以尾数6，即7×6=42的结果42连在23的后面，且42（已经满十）往前移动一位，即$\genfrac{}{}{0pt}{}{23}{4}2 = 272$；

第三步，17×16=272，即得到最终结果为272。

3）首数相同尾数之和为10的两位数乘法

首数加1的和与首数相乘写在前，尾数相乘连在后（不足十位用零补）。

【例6-40】43×47=2 021

计算步骤如下：

第一步，43的首数4加1等于5；

第二步，5乘以4即5×4=20写在前；

第三步，43的尾数3乘以47的尾数7，即3×7=21的结果21连在20的后面；

第四步，43×47=2 021，即得到最终结果为2 021。

【例6-41】61×69=4 209

计算步骤如下：

第一步，61的首数6加1等于7；

第二步，7乘以6即7×6=42写在前；

第三步，61的尾数1乘以69的尾数9，即1×9=9，9不足十位，要补足十位，写成09，连在42的后面；

第四步，61× 69=4 209，即得到最终结果为4 209。

4）尾数相同首数之和为10的两位数乘法

首数相乘的积加尾数写在前，尾数相乘（尾数的平方）连在后（不足十位用零补）。

【例6-42】38×78=2 964

第一步，38的首数3乘以78的首数7等于21；

第二步，21加上尾数8等于29写在前；

第三步，尾数8乘以8的结果64连在29的后面；

第四步，38×78=2 964，即得到最终结果为2 964。

【例6-43】43×63=2 709

第一步，43的首数4乘以63的首数6等于24；

第二步，24加上尾数3等于27写在前；

第三步，尾数3乘以3等于9，9不足十位，要补足十位，写成09，连在27的后面；

第四步，43×63=2 709，即得到最终结果为2 709。

5）个位数均为1的两位数相乘

首数相乘写在前，首数相加连在后（满十进位），最后结果添上1。

【例6-44】51×41=2 091

第一步，51的首数5乘以41的首数4，即5×4=20，将20写在前；

第二步，51的首数5加上41的首数4，即5+4=9，将9连在20的后面得到209；

第三步，在209的后面添上1；

第四步，51×41=2 091，即得到最终结果为2 091。

【例6-45】61×71=4 331

第一步，61的首数6乘以71的首数7，即6×7=42，将42写在前；

第二步，61的首数6加上71的首数7，即6+7=13，且13（已经满十）将13往前移动一位连在42的后面得到433，即$\overset{42}{\underset{1}{}}3 = 433$；

第三步，在433的后面添上1；

第四步，61×71=4 331，即得到最终结果为4 331。

6.3.4 特殊数字的心算法

1）只是两个数字位置变换的两位数的和

将前面两位数的十位数加个位数乘以11，就等于这两个数的和。

【例6-46】47+74=121

（4+7）×11=121

【例6-47】78+87=165

（7+8）×11=165

2）只是两个数字位置变换的两位数的差

被减数的十位数减它的个位数乘以9，就等于这两个数的差。

【例6-48】83-38=45

（8-3）×9=45

3）只是首尾换位、中间数相同的两个三位数的差

被减数的百位数减它的个位数乘以9，并在得数的中间加一个“9”。

【例6-49】936-639=297

第一步，（9-6）×9=27；

第二步，在得数中间加“9”，得到297，即为936-639的差。

【例6-50】674-476=198

第一步，（6-4）×9=18；

第二步，在得数中间加“9”，得到198，即为674-476的差。

4）互补两个数的差

被减数减去50，它的差扩大两倍即为最终的差。

【例6-51】73-27=46

（73-50）×2=46

【例6-52】86-14=72

（86-50）×2=72

【职场对接】

1.春节前夕，某地区红十字会准备支出10 000元为50个低保户送上节日慰问物资（主要是米、面、油、干货及调味品），工作人员小王到超市请理货员帮忙选配一下。理货员在电脑上查询了超市相关商品的价格如下：大米52元/袋；金龙鱼食用油

70元/桶；面粉25元/袋；白糖8元/袋；酱油10元/瓶；米醋4.5元/瓶；面条4元/把；豆腐皮12元/袋；味精5.5元/瓶；精盐3元/袋；辣椒粉6.5元/袋。如果你是调配员，你会怎样选配商品？请计算出调配出这些商品花费的时间。

2.某家庭计划每月支出200元用于购买牛奶。已知爷爷奶奶喜欢喝袋装的鲜牛奶，爸爸妈妈比较喜欢喝奶粉，儿子喜欢喝酸奶，请问这200元钱如何分配才能满足全家人的喜好？（注：酸奶2.5元/杯，10杯/盒；奶粉24元/袋；袋装鲜牛奶52元/箱）

知识回顾

一、填空题

1.1、2、3、4为一组叫________（不够5）。

2.5、6、7、8、9为一组叫________（满5以上）。

3.若干数字相加，数字________，即以乘代加。

4.逐步加算法是指当两个以上多位数________，可先加它的________，默记得数，再加第二位、第三位……依次直加到________为止。

5.凑齐数组合法是指若干个数字________，先将其能凑齐的数凑成________10（或20等），再加其他的数字。

6.累加法就是随________随加________，一直算到底。

7.分解算法是两数相加时，先将________的数字分解为________，使其中一个数能与较大的数加成一个带“________”的数。

8.在进行减法运算时，一定要将位数________，从________减，逐位相减。

9.用心算进行乘算，一般要注意四个要点：一是要记住逐位相乘，同位数相加，满十进位，切勿错位；二是要从________算起，心算口念一致，便于牢记；三是要熟记________；四是根据数字特点，灵活运用计算方法。

10.以除代乘法也叫折半算法，如某数乘以________等数时，可利用“半数”的道理以折半法计算更为方便快速。

11.两数相乘，如有一数略小于________，即可使用补数乘法。

二、练习题

1.直加加法

453.01+41.28=　　　　132.07+26.52=

9 708.21+81.68=　　　　450 238+8 225 041=

5 406.13+72.64=　　　　25 734.89+641 755.10=

906 185+19 052 803=　　　　201 987.53+5 012.20=

78 453 019+30 980=　　　　2 031+54 691 701=

2.进位加法

865.02+37 419.25=　　　　918.04+76 530.14=

794 816.25+89 634=

9 862.37+5 347.12=

69 504.18+736 512.49=

483 169.20+7 190.86=

26 781 059+6 407 895=

60 729 345+8 399 624=

54 689 701+368 957=

5 616 345+57 961 429=

3. 对位减法

9 862−451=

3 068.56−2 045.32=

16 483.05−3 252.04=

539 482.06−27 361.05=

69 504.18−9 302.15=

351 820.69−21 710.36=

126 584.79−105 432.56=

483 021.69−243 011.58=

839 167.45−327 034.41=

9 047−3 026=

4. 借位减法

9 451.28−730.86=

839 167.45−54 276.01=

5 309 218−498 705=

35 841 062−20 485 673=

138 504.26−91 872.36=

954 073.12−45 021.87=

5 492 067−4 651 238=

16 283 709−9 586 237=

50 481 963−20 136 897=

301 426.95−7 981.20=

5. 心算乘法

2 465×2=

705.6×6=

1 309×4=

64.85×8=

2 107×5=

378.02×3=

5 482×7=

4 179×9=

89×81=

984×9.95=

6. 心算除法

2.10÷0.3=

46.8÷4=

136 590÷314=

8.56÷0.25=

2 491÷47=

5 747 184÷642=

6 873÷87=

43 542÷738=

9 321÷4.78=

7. 心算速算

64×66=

87×83=

77×73=

46×44=

18×19=

19×14=

49×69=

36×76=

48×38=

76×56=

39×89=

17×13=

知识应用

一、训练目标

1. 掌握加减乘除的简易心算方法。
2. 能够在实际工作中运用简易心算方法。

二、训练内容

训练内容（一）

练习一：

2.42+23=　　158.67+27.33=
100−98.65=　　428.3−302.9=
20×87=　　54.9÷3=
255−165.3=　　430+38.7=
28×40=　　79.6÷4=

练习二：

867.2+1 913.5=　　2 747+10.67=
23 100−19 060=　　98.6−69.6=
60.5×32=　　155÷0.5=
104.7+29.4=　　98.6−27.8=
77×80=　　48.96÷48=

练习三：

328.10+639.40=　　431.1+213.4=
200−176.42=　　98.6−27.8=
54×0.8=　　2 107÷7=
782.5+561.4=　　100−72.35=
155÷5=　　6.6÷22=

练习四：

100−72.35=　　200−168.48=
58+32=　　328.1+639.4=
36.7×5=　　175÷25=
456+600.8=　　200−176.42=
22×32=　　81÷90=

练习五：

123+21.9=　　10 500+5 080=
98.6−29=　　49.8−31.9=
23×102=　　0.21÷21=
54.88−45.89=　　100−91.35=

155×30=　　357÷30=

练习六：

98+123.5=　　243.7+119=

23 100−3 140=　　2 899.3−2 799.4=

54×0.8=　　42÷0.6=

129.67+27.63=　　200−175.47=

57×80=　　2 107÷7=

练习七：

9.9+298.7=　　47+6.475678=

1 578.6−678.5=　　200−175.47=

87×80=　　780÷20=

867.3+1 987.7=　　280−158.5=

44×21=　　2 000÷8=

训练内容（二）

1. 一位外地男顾客来到某超市，想带点当地特产回家送给4位朋友，预算费用为500元，不知道怎么搭配，请帮忙选配一下。

2. 一位妇女来到超市食品区，希望理货区员工帮忙选择一家6人周末度假所需的休闲类食品，预算费用是300元，该如何选配？

3. 一名学生来超市购物，希望理货员帮忙选择同学聚会所需的休闲类食品，预算费用是300元。

4. 夏季天气炎热，一位顾客想选购一些夏季消暑的食品，预算费用在150元以内，请问该如何选配？

5. 老李的儿子准备在国庆节结婚，来超市购买一些烟酒饮料以备喜宴用，每桌酒席的预算费用不超出250元，请问该如何选配？（每桌需要白酒2瓶、饮料2瓶、香烟1包、瓜子1袋、糖果2两）

6. 一位顾客来到超市，希望理货员帮助他选择一些探望糖尿病病人的食品，预算费用大概是200元，该如何选配？

7. 一位顾客在超市食品区找到理货员，希望理货员帮助他选择5个人出差旅途中所需的快速方便食品，预算费用是50元，该如何选配？

8. 一位顾客希望理货员帮助他选购国庆节给老人送礼的食品，费用大概500元，该如何选配？

9. 一位顾客来到超市，说她的小孩过10岁生日，准备请小朋友来家里玩，需要请理货员帮助选购一些小孩喜欢的食品，预算费用大概是100元，该如何选配？

10. 中高考即将来临，一对夫妻准备选购一些食品给孩子补充营养，预算费用在400元左右，应选择哪些商品？

11. 国庆节将至，某单位准备为职工购买节日食品，每个人预算费用为500元，请理货员帮助选择相关食品。

12. 暑假期间，父母打算带孩子出门旅游，想请理货员帮忙挑选150元左右的商品，其中包括食品、休闲食品、饮料及纸巾等。

13. 几个同事下班后，相约到小马家去聚会，顺便买点东西带过去，估计需要买150元的东西，其中包括瓜子、蜜饯、果冻、盒装饼干、蛋糕、盒装牛奶、饮料等，请理货员帮忙搭配一下。

14. 某中学的一个班有50名学生出去春游，老师收取了每名学生50元的午餐费，要在超市购买午餐食品，保证让同学们吃饱又吃好，请理货员帮忙来选配一下。

15. 4个年轻人要露营3天，来到超市希望购买体积小、重量轻、高热量、补充人体所需矿物质或盐的食品，预算费用是350元，该如何选配？

16. 春节将至，一位男顾客来到超市，告诉理货员准备给长辈送礼，希望是礼盒包装的并有保健功效的食品，预算费用为500元，该如何选配？

17. 一位中年妇女来到食品区，希望理货员帮忙挑选一家五口周末度假的休闲食品，预算费用是200元，该如何选配？

18. 一学生顾客来超市购物，咨询理货员办一场同学聚会（大概20人）需要如何选购休闲食品，预算费用是200元。

19. 建军节前夕，某单位准备给转业军人发放慰问品，每人200元标准，请理货员帮忙选配。

20. 小张的同事刚生小孩，小张想去看望一下，准备送点补品，预算费用是200元，请理货员帮忙选配一下。

21. 重阳节将至，社区干部要看望14位孤寡老人，计划为每人准备150元生活必需品，请理货员帮忙选配一下。

22. 夏天已到，某单位为员工发放消暑降温的福利，每人200元标准，请理货员帮忙选配一下商品。

23. 小王要去女友家，想给女友的父母买一些礼品（为其父亲准备烟酒，为其母亲准备营养品），打算花费1 000元，请理货员帮忙选配一下商品。

24. 某小学组织学生进行3天夏令营活动，一位学生家长打算在超市用150元购买孩子所需要的食品，请理货员帮忙挑选。

25. 某公司接待来宾，需要购买200元的糖果、饮料，请理货员帮忙选配。

26. 为看望患胃病的朋友，小刘用200元购买了礼品，其中买水果用了90元，剩下的钱准备买点营养滋补品，请理货员帮忙选配一下。

根据以上资料，将学生分成小组进行训练。3人分为一组，1人扮演顾客，1人扮演售货员，1人扮演评委。

某超市食品价格见表6-3：

表6-3 **食品价格表**

名称	价格	名称	价格	名称	价格	名称	价格
食用油1桶	70元	面粉1袋	25元	米醋1瓶	4.5元	白糖1袋	8元
面条1把	4元	豆腐皮1斤	12元	精盐1袋	3元	味精1袋	5.5元
辣椒粉1袋	4元	大米1袋	52元	鸡蛋1斤	10.5元	干菜1袋	4元
瓜子1袋	5元	奶糖1袋	12.5元	豆腐干1袋	6元	饼干1盒	9元
果冻1袋	12元	话梅1袋	7.8元	午餐肉1盒	20元	果脯1袋	9元
花生1袋	6元	红酒1瓶	15元	白酒1瓶	56元	啤酒1件	46元
牛肉干1袋	25元	鲜奶1盒	10元	奶粉1袋	18元	酸奶1盒	42元
方便面1袋	3.5元	方便米线1袋	4元	面包1袋	8元	藕粉1盒	8元
水果罐头1瓶	8元	大枣1袋	25元	巧克力1盒	80元	口香糖1盒	9元
湿纸巾1包	2元	铁观音茶1盒	69元	蜜饯1袋	12元	米果1袋	6元
芒果干1袋	10元	甜甜圈1盒	12.5元	土豆片1袋	6.5元	可口可乐1瓶	6.5元
蛋糕1斤	22元	面包1斤	20元	香烟1条	200元	营养液1盒	150元

三、训练方法

采用分组训练法。

四、训练要求

学生2人一组，要求在3分钟内完成一组，共10小题。一个同学做好答案拿在手中，另一个同学看着题心算后，把每一个题的答案回答出来。答完全部或部分题后，2名同学交换角色继续进行训练。

五、考核与评价建议

在3分钟以内完成一组共10小题，满分100分，超时不得分，错题不得分。

1. 时间要求：每组题完成时间在3分钟以内为及格；每组题完成时间在2分钟以内为良好；每组题完成时间在1分钟以内为优秀；每组题完成时间超过3分钟为不及格。本项评分占总分值的80%。

2. 服务要求：能否按顾客的要求挑选商品。本项评分占总分值的20%。

项目七

收银机的使用

学习目标

知识目标

1. 了解收银机的组成、主要外围设备和常用功能键；
2. 熟悉POS系统的有关知识及应用；
3. 了解握营业前的准备工作、营业中的收银作业及营业结束后的撤离工作；
4. 熟悉商品条形码的基本类型和构成。

技能目标

1. 熟练掌握收银机的基本操作；
2. 熟练掌握收银作业的基本流程。

引导案例

2015年3月18日傍晚，某商场接到一赵姓阿姨打来的投诉电话：其上午在商场购买食品，晚上食用时发现电脑小票上多了一样自己没购买的东西，于是打来电话问个究竟。客服人员在电话里仔细听取了赵阿姨的诉说，口气委婉地告诉赵阿姨出现此种情况有几种可能，可是赵阿姨没听完就挂断了电话。

第二天，赵阿姨怒气冲冲地来到商场前台要讨个说法，并态度坚决地认定是收银员私藏了她的商品。服务人员再三解释都无济于事，值班经理闻讯赶来，将情绪激动的赵阿姨劝进了办公室，经过耐心地交流，赵阿姨终于消了气，也认同了发生这种事情有多种可能。又经过了一番分析，排除了收银员私藏物品的可能性。最后，经过值班经理耐心细致的解释与分析，赵阿姨终于解除了心头的疑惑，高兴而去。

案例点评：

1.以上投诉之所以发生，究其原因是收银员工作流程不规范造成的。唱收唱付后，收银员未将购物袋、找零连同购物电脑小票一并交给顾客，造成工作失误而带来投诉。

2.在本案例中，客服人员、值班经理的表现突出，做到了“心平气和聆听，冷静全面处理”，但部分管理人员的服务技巧及现场处理顾客投诉的能力仍需进一步提高和加强。

3.收银机在现代商业活动中有着广泛的应用，熟练掌握收银机的基本操作对于收银员来说至关重要。

7.1 收银机基础知识

从算盘发展到计算器，再发展到电子收银机（ECR），人们交易结算的工具越来越先进，其功能也越来越强大。在我国，结算工具的进化过程也只不过是短短十几年甚至几年的事情，但是收银机的发展却已经有很长的历史了。19世纪70年代末，美国人发明了机械式收银机。随着新技术的不断进步，收银机的设计制造技术也在不断进步，先后出现了机电式收银机和电子收银机。20世纪80年代以后，电子收银机向微型化、网络化、集成化、智能化和多功能方向发展，成为功能强大的商业专用终端，即POS系统（销售点实时管理系统）。当前，电子收银机的发展进入了互联网+时代，朝着大数据、云计算终端、集成化、联网化方向前进。

7.1.1 收银机的主要组成部件及功能

常用收银机的构成如图7-1所示。

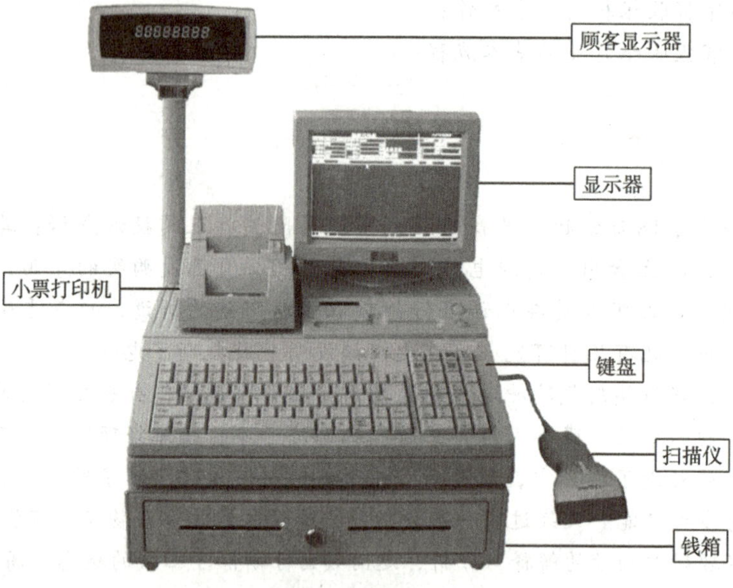

图7-1 收银机

1）收银主机

收银主机主要由主板、存储器、键盘和显示器构成。

（1）主板。作为中央数据处理部件，它是收银机的“心脏”，决定了收银机的质量和工作的稳定性。

（2）存储器。具有存储信息和数据，运行程序的功能。

（3）键盘。它是收银机的重要输入设备，用于手输条码及其他操作。收银机键盘与普通键盘的布局、键位、键名都有区别，在使用方面也更耐敲打。

（4）显示器。用于方便收银员和收银机进行人机对话，它是收银员操作时看的，用于显示系统的操作界面。

2）收银机的外部设备

（1）钱箱。用于存放收款现金、支票等。钱箱内一般分成多个格子，供存放不同面值的纸币和硬币，有的钱箱还有隔层或暗格，用于保存大钞或支票。

（2）条码阅读器。条码阅读器也称条形码扫描仪，是条形码的读入装置。条码扫描器把商品条码读到收银机中，减少了键盘输入的劳动强度，降低了出错率。按使用方式，条码阅读器可分为手持式条形码阅读器和台式条形码阅读器。

①手持式条形码阅读器。手持式条形码阅读器是最常用的扫描器，适合于扫描体积和形状不一的物品（如图7-2所示）。

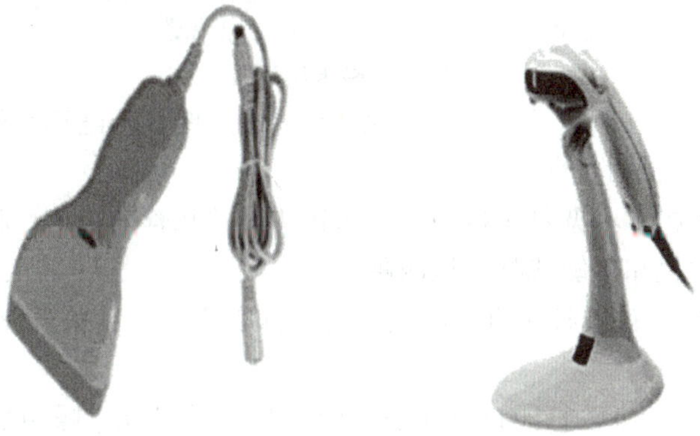

图7-2 手持式条形码阅读器

②台式条形码阅读器。台式条形码阅读器包括CCD台式条形码阅读器（如图7-3所示）和平台式激光条形码阅读器。激光条形码阅读器通常使用于操作者将物品拿来扫描的场合，其外形一般为方形，通过较大的扫描窗口形成多条交叉的扫描线，从而构成全向扫描。台式条形码阅读器被广泛地用于百货公司、连锁超市或其他零售服务业。

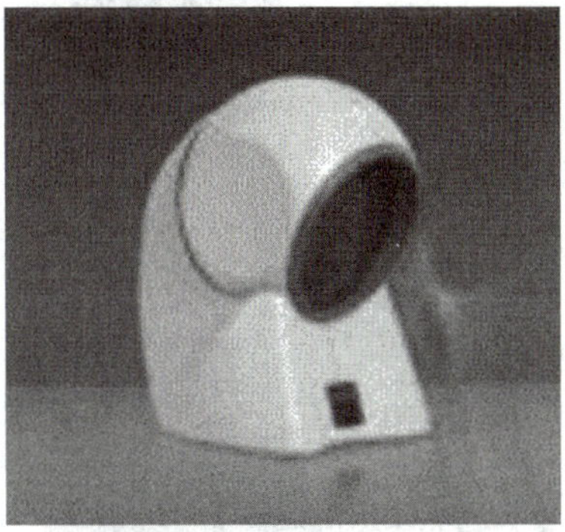

图7-3 台式条形码阅读器

（3）磁卡读写器。磁卡读写器是一种磁记录信号的读入或写入装置（如图7-4所示）。磁卡读写器用于识别银行卡上所标存的代码信息，并将信息传送到相连的POS

机，然后传送到计算机系统，再由计算机系统与银行的自动服务系统相连，完成对银行卡的业务处理。

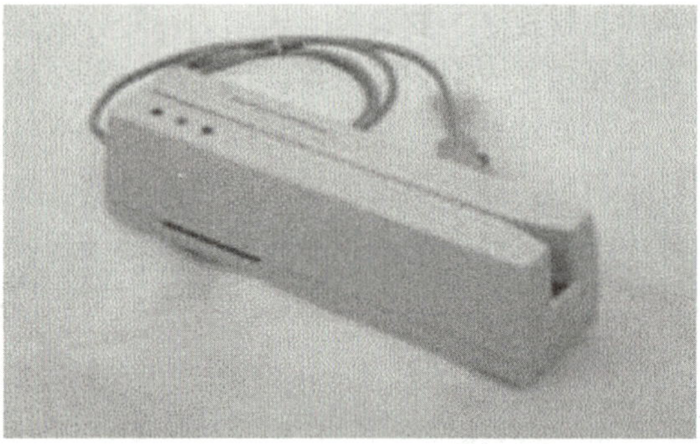

图7-4 磁卡读写器

（4）顾客显示器。顾客显示器是给顾客看的，一般显示结算金额等信息，以方便顾客看到自己所购商品的价格。

（5）小票打印机。小票打印机用于打印销售发票和管理存根。收银机所用的小票打印机有针式打印机和热敏式打印机两种。

① 针式打印机。针式打印机打印速度慢、打印质量差、噪声较大、故障率较高，但是价格便宜。

② 热敏打印机。热敏打印机打印速度快、打印质量高、噪声低、无须色带，免除了日常维护的烦恼，并且打印机体积小，操作简单。热敏打印机已被广泛应用于商业收银机、银行及种类收条的打印。

（6）电子秤。在超市里，当顾客购买散装商品或现场加工的商品时，就需要使用电子秤（如图7-5所示）。目前，在超市中常用的电子秤均带有计价与条形码打印功能。

图7-5 电子秤

7.1.2 POS系统知识

POS系统的基本组成包括硬件和软件两部分。硬件包括电子收银机、条形码扫描器、金融信用卡刷卡设备、通信接口及网线等；软件包括系统软件和收银机应用管理软件等。POS系统具有直接即时入账、信息及时处理的特点，同时具备很强的网上实时处理功能。商场使用收银机和POS系统后，扩大了信息的采集面，提供了准确的人、财、物的基础数据，从而有效地实现了对前台销售业务的管理。使用收银机和POS系统主要有以下好处：收款迅速、准确，条形码技术的采用极大地方便了结算工作；支持多种付款方式，允许混合支付；缩短了结账时间，提高了结账精确度，杜绝了弊端；提供企业信息为管理服务。

大型的POS系统有富基、海信、奥博克等品牌，小型的POS系统有超赢、智盟、思迅、科脉等品牌，其主要功能大同小异。现在常用的POS系统分别是基于Windows和Android操作系统开发的。我们以海信“商海导航中小型商业管理系统”为例来介绍POS系统的使用。

“商海导航中小型商业管理系统”主要应用于第三代收银机。现在常用的第三代收银机一般是PC-POS，即基于PC（个人计算机）的收银机。这种收银机采用了通用PC技术，符合PC工业标准，具有平台开放性。我们在下文中所说的收银机除非特指，否则都是针对PC-POS而言的。“商海导航中小型商业管理系统”的软件平台为Windows2000 Professional、Windows XP及以上，对处理器、内存、数据储存及网络环境也提出了较高要求，业务功能增强、操作简化，使用上手快，录入效率也相应提高。收银机的基本结构与普通PC机没有什么区别，一般由微处理器、内存、外存（硬盘、软盘）和显示器构成，多数收银机的显示器都是单色的小尺寸显示器或平板显示器。收银机另外带有一些专用设备，其中专用键盘、收银员显示器、顾客显示器、打印机、钱箱是必要配置，其他设备如条码扫描器、磁卡阅读器等可以根据需要选择安装。

1）收银机操作

（1）开机。开机前首先要检查各种外部设备是否正常，连线是否松动或脱离。收银机开机顺序是：先开外部设备，后开主机。

接通电源后，收银机电源指示灯亮，先打开所有外部设备，再按下收银机开关启动收银机，开机后收银机进行硬件自检。自检正常后，操作系统开始启动。使用“商海导航中小型商业管理系统”时，将先启动Windows系统，随后自动运行“商海导航中小型商业管理系统”的“前台收款模块”。“商海导航中小型商业管理系统”启动时要进行初始化工作，监测网络状态，如果与服务器联通，则在网络状态处显示“联网”，如果连接失败，则显示“单机”。启动完成后将出现注册窗口，系统准备接受用户注册，如图7-6所示。

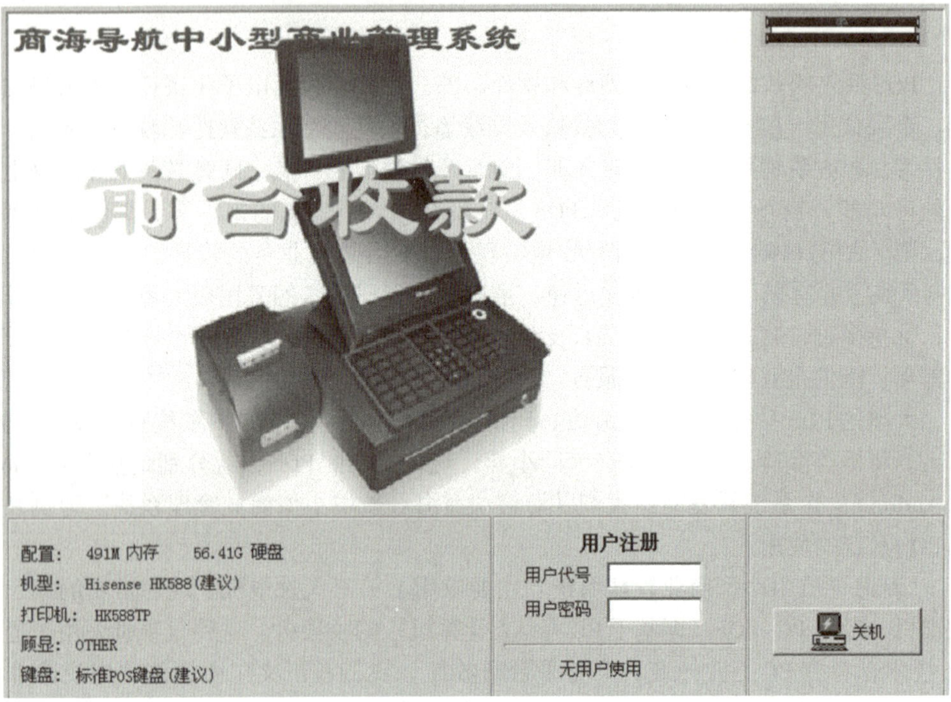

图7-6 注册窗口

在注册窗口输入“用户代号”和“用户密码”进入主窗口。注意：收银机没有鼠标，光标的移动通过方向键或Tab键来实现。

（2）收银员注册。“前台收款”系统的用户共分为两类：收银员和管理员。收银员负责交易数据的录入，管理员则负责系统的设置和维护。为了防止非法用户的进入，系统授权给每个合法用户一个代号和一个密码，系统在注册时将根据输入的代号和密码的合法性来决定注册者是否可以使用系统，并辨识出其身份。

整个系统功能也分为两大部分，分别对应管理员和收银员。每种类型的用户只能使用其对应的功能。用户代号最多六位，每个用户使用唯一的一个代号；用户密码最多八位，输入字符不可见，对应显示为“*”号。输入错误时可以用退格键修改。

①主窗口。收银员注册进入系统后，系统显示功能菜单，给出了收银员可以使用的各项系统功能，如图7-7所示。

A.“交易”功能。该功能主要进行批零销售、退货、作废等交易操作。

B.“修改密码”功能。该功能用于收银员修改自己的密码。单击“修改密码”选项，会出现如图7-8所示窗口，首先输入原密码，然后输入新密码，最后再输入一遍新密码，设置密码的工作就完成了。只有这三个步骤全部操作正确，密码才能设置成功。新密码设置成功以后，原密码就失效了。为了保密起见，收银员应定期修改密码。

C.“交款”功能。使用该功能可以点款和打印交款报告表。

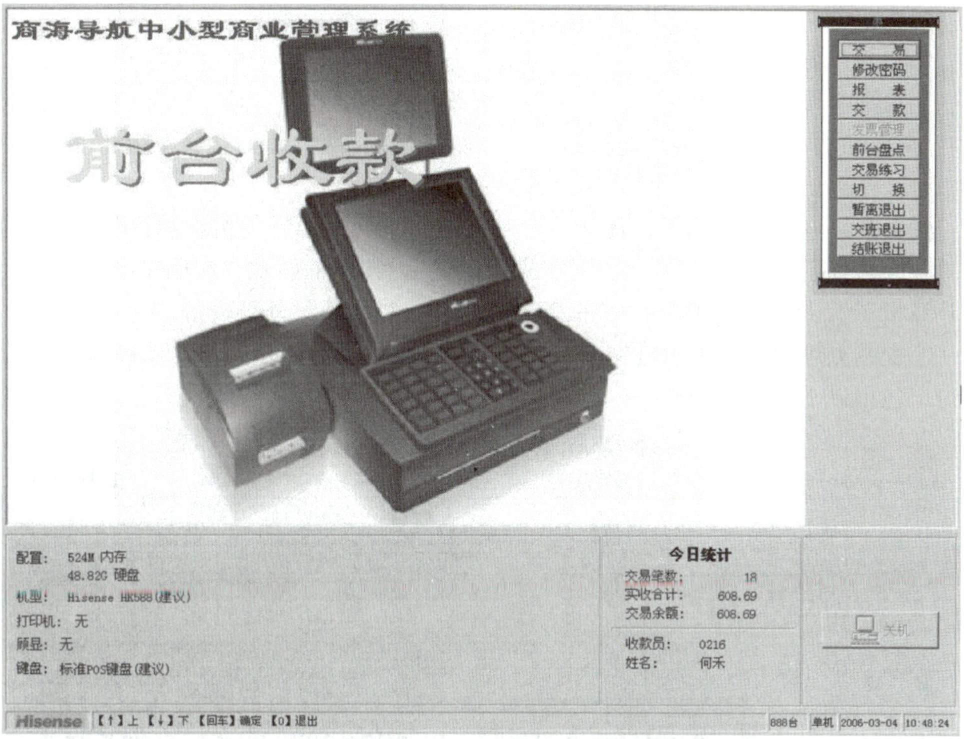

图7-7 收银主窗口

图7-8 更改口令窗口

D.“交班退出”功能。一个班次的收银工作结束后，允许其他收银员到同一台收款机进行收银工作。

E.“结账退出”功能。每个交易日工作结束后，将停止收款进行结账处理。每日只能结账一次，结账后本交易日将不再记录收款信息，每次是否允许结账由后台进行控制。

F.“报表”功能。使用该功能可查看总交易报表、收银员报表、部门报表等。管理员可根据实际需要设定收银员是否能使用该功能。

G.“交易练习”功能。使用该功能可进入前台进行交易，但是不记录流水信息，在交易状态下不能使用会员卡和储值卡。

H.“切换”功能。使用该功能可启动或切换到便利店系统。

屏幕下方左侧显示收银机硬件信息，如CPU、内存、硬盘、整机型号、打印机型号、顾客显示器型号、键盘型号等；屏幕下方中间是用户注册框（当用户登录成功之后，如果拥有查看报表的权限，那么会在屏幕下方中间的位置显示当前的交易统计信息）；屏幕下方右侧是各种功能按钮；屏幕底部是状态栏，用于显示提示信息，如收银机号、网络状态、日期、时间等信息。

②关机。在正常情况下，任何用户都应退到注册界面处关机。关机时按【关机】菜单，系统提示“是否确实要关机”，选择“是”，待屏幕显示“您现在可以安全地关闭计算机了”，关上电源即可。关机顺序：先关主机，后关外部设备。

③交易处理窗口。单击【交易】菜单，进入如图7-9所示交易处理窗口。交易处理窗口包括以下信息：

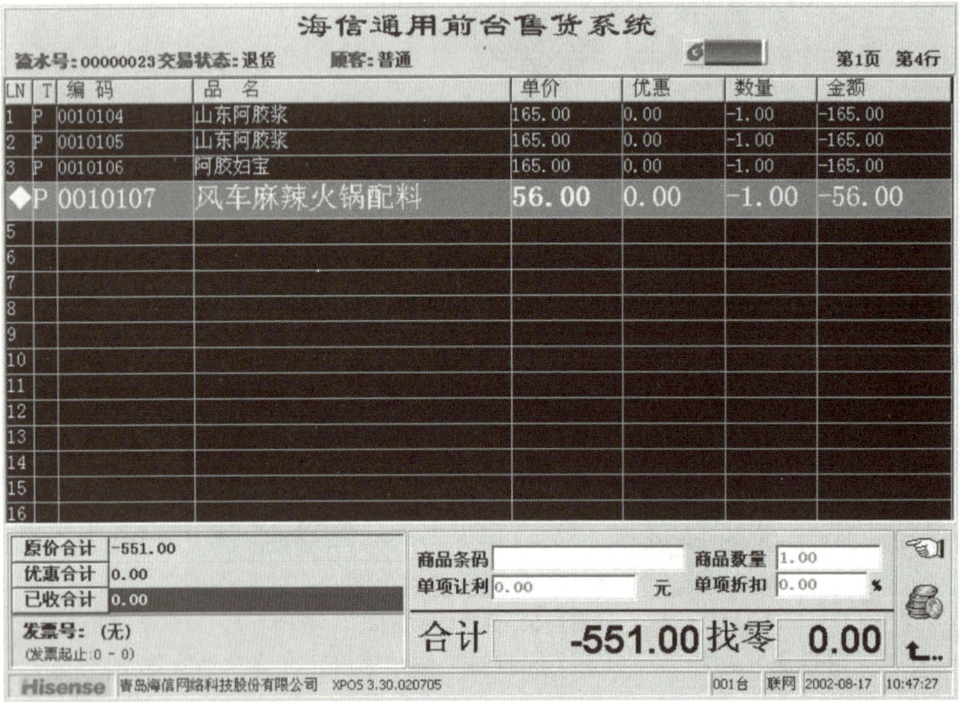

图7-9 交易处理窗口

A. 一般信息。一般信息包括：交易流水号、交易的时间和日期、销售人员编号（营业员或服务员编号）等。

B. 每个销售单品的明细数据。每个单品需要记录的数据包括：页号、行号、商品类别、商品编号、商品名称、商品售价、销售数量、优惠金额、商品总售价。

C. 详细的付款数据。“前台收款”系统允许多种付款方式同时支付，同时对卡类的付款方式可以多张卡同时支付，对每种付款方式都要记录它的金额。

D. 合计数据。在交易过程中，系统会随时显示当前交易的累计金额。在“累计优惠”和“累计应收”处显示交易的优惠累计和金额累计。交易结束时，系统要计算这笔交易的合计应付金额和累计优惠金额，如果给顾客一个总的让利的话，可能还要输入交易折扣或交易优惠额，最后算出顾客的累计支付金额和应找给顾客的零钱。

在以上数据中，有些数据是需要收银员输入的，如流水号、收银员号、商品编码、数量等（如图7-9所示），有一些数据是不需要输入的，如品名、金额等，它们由系统查询或计算得出。

（3）收银机基本交易流程。交易的一般输入顺序如下：

① 选择交易方式。“前台收款”系统有零售、退货和作废三种交易方式。其中，退货和作废都有对应的功能键，零售是缺省的交易状态，不需要选择。选择交易状态时，只要按一下对应的键即可。如果想取消所选定的交易状态，可以用【总清】键恢复为零售状态。交易状态的选择一定要在有交易数据录入前选定，在数据录入之后，不允许再改变交易状态。

② 输入营业员号。系统可以设定是否输入营业员号，如果设定输入，录入窗口上方会提示“请输入营业员号”；如果设定为不输入，则录入窗口上方会提示“请输入商品编码”。

③ 输入单品折扣（优惠）或按【赠送】键。如果该商品为赠送商品，需要按一下【赠送】键。如果可以优惠，按【单项折扣】键输入折扣率，或按【单项优惠】键输入优惠额，还可以用预置折扣键输入折扣率。折扣、优惠和赠送这三种方式只能使用一种，两种以上被禁止使用。

④ 输入单品数量。输入商品编码前按【数量】键，录入提示变为“请输入数量”。输入数量值，按【回车】键确认，录入提示又恢复为“请输入商品编码”。如果商品数量为1，可以不输数量，因为系统缺省默认数量为1。

⑤ 输入商品代码（或部门编码或柜组编码）。采用编码或条码方式售货时，输入代码后须按【回车】键确认。单品类型在代码输入后同时显示。如果输入的商品具有单价，系统会计算出它的总销售金额，一条商品数据输入结束。为加快录入速度，可以使用用户定义键输入商品代码。

⑥ 如果商品没有单价，需要输入单价。在输入商品代码后，系统将进行价格查询，如果价格为零，将要求你输入单价。

⑦ 多种商品销售，可连续扫描商品条形码录入商品代码。一种商品录入结束后，系统自动转到下一个新单品行。如果超出一页所能显示的范围，会自动将这一页滚屏显示。一种商品被输入后，系统原则上不会允许在同一页上二次输入。但有两种情况除外：一是赠送商品，可以非赠送的方式再次输入，当然一种非赠送商品也可以赠送的方式再次输入；二是当输入的商品在一个新的单品位置上，也就是说在当前行上没有单品被输入，可以再输一次。这次输入将自动累加在原先输入的单品上，数量按照下面的实际数量累加到原先的商品上。

⑧ 如果有多于一个营业员，须再次输入营业员号。数据的录入一般是根据营业员开出的销售凭证来录入的。一位顾客可能会在多个营业员处购物，分别开出销售凭

证，到一个收银台收款，录入时就要录入多个营业员。如果你想录入下一个营业员，那么就需按【下页】键翻到新的一页，输入营业员号，然后输入各个单品。营业员号输入后不能被修改，除非作废这一页，重新输入。

⑨ 按【合计】键，开始支付。如果在前台系统设置里面设置了采集客户信息，那么按下【合计】键之后，会首先要求输入客户的相关信息，包括性别、年龄段、职业。如果没有设置，就会直接进入合计金额显示界面。合计之后，所录入的商品数据就不能改动了。因此，在合计之前，一定要保证录入的数据都正确，否则应当立刻取消当前交易，重新再输入。

⑩ 如果有总折扣（或优惠），输入总折扣率（或总优惠额）。按【交易折扣】键输入总折扣率，随后按【回车】键确认；按【交易优惠】键输入总优惠额，按【回车】键确认。总折扣和总优惠只能被录入一次，如果完成折扣之后再进行继续录入商品信息，那么会清空已经录入的折扣，需要在合计完成之后重新录入。如果在这之前曾经做过某一条商品明细的单项优惠，那么会相应地进行优惠金额的累加。

⑪选择币种，输入支付金额。每种付款方式都有对应的功能键。按【付款】功能键改变付款方式，屏幕上支付字段的提示相应变为付款的名称。支付字段的缺省提示是“现金”，也就是说，可以不用按【现金】键直接输入现金支付金额。但是在其他的付款方式下再想输入“现金”，就必须用【现金】键改变支付方式（如图7-10所示）。一种付款方式被多次录入，只更新这一付款方式的付款额，不累加在原有的金额上。

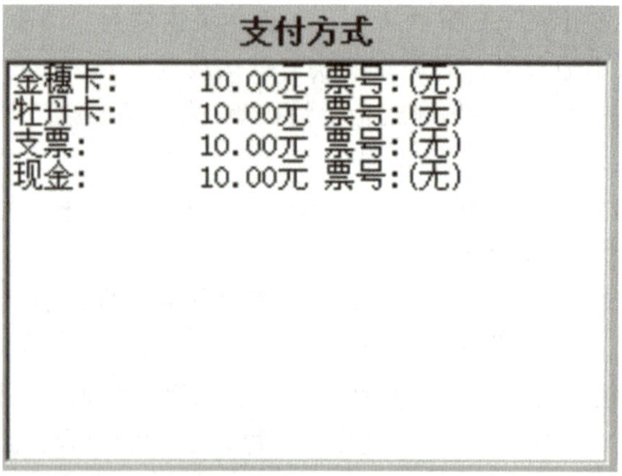

图7-10　支付方式窗口

⑫“前台收款”系统目前最多提供13种支付方式。前10种可根据需要设定，其中第一种方式固定为现金，其他支付方式可以任意设置和选择，它们的货币种类也是可设的，在选择了不同的货币支付后，会显示货币的名称和相应的兑换比率；后3种支付方式系统内定为“定金抵付”、“储值卡”和“银行卡”。付款方式根据需要可扩展。

⑬如果支付总金额大于合计应收金额，应计算找零。如果找零的金额大于系统设置里设定的货币最大面值，则会提示“输入金额过大”，不予录入。一旦支付总金额等于应收总金额，交易立刻结束。如果一笔交易中所有支付方式均不许找零，则系统提示是否继续，选择“否”可修改支付方式，选择“是”则不予找零。

⑭打开钱箱，打印收据。

很少有一笔交易会要求做全这些步骤，一般情况下可能只是其中的几个步骤。另外，需要注意的事项如下：

A.【↑】键和【↓】键用来改变当前行的位置，移动范围从第一个单品行到下一个新行。只有在商品编码字段，才能用【↑】键和【↓】键上下移动。

B.为了保证数据的完整性，不允许存在一个没有单品的页。如果因为删除或未完全输入造成一个没有单品的页，必须或者继续输入数据，或者删除该页，否则系统不允许结账和翻页。

C.在初始状态下，可以用【PgDn】键从交易状态回到收银员菜单页面。一切操作光标都应在录入框内（弹出窗口除外）。

D.数据输入过程中很可能由于敲键或其他原因造成数据错误，需要修改或清除。POS系统专门提供了一些功能键来达到这一目的。在输入一个字段时如出现错误，可以用【Backspace】键逐个字符修改，也可用【清除】键把整个字段清空，重新再输入。

【行清】键从当前交易中删除一个单品项，或清除当前行的输入数值。

【页清】键从当前交易中删除当前页。

【总清】取消当前交易，系统恢复为缺省状态。

（4）销售。按照上述流程操作就进行了一笔完整的销售。

（5）退货。按【退货】键，设定交易为退货。退货的输入流程与零售也完全相同，但是退货的数量和金额都是负数。如果输入正数，会被自动变为负数。折扣率无论销售和批发都要求是正的，优惠金额可正可负，主要看退货时的实际情况。支付金额在退货时就是实退金额。只有应退金额与实退金额相等，退货交易才能结束。

（6）作废或查询。当交易结束后，发现交易有错时，就需要借助于作废功能。作废有问题的一笔流水账，并把它从流水账里清除，就当从未发生过。作废时按【作废】键，输入交易流水号，系统查询出该流水账的内容，并按原样恢复出来，显示到屏幕上。这时可以利用【↑】、【↓】、【PgDn】、【PgUp】四个键浏览流水账内容。如果确实想作废，再按一次【作废】键，否则按【总清】键取消作废。

查询功能与作废非常类似，按【查询】键后输入流水号，系统查询并显示出这笔流水账，退出查询状态，需按【总清】键。【查询】键的另外一个功能是在支付时查询各支付方式的输入情况。

被作废的流水账可以用查询功能显示出来。在作废或查询状态下，不响应数据输入。

（7）优惠和赠送处理。这里所说的优惠包括折让和折扣两种方式，每种方式各有两种级别：单品级和交易级。单品级和交易级的折扣各有四个预置折扣键，它们被预先设置为某一个折扣率，使用该键就相当于输入了对应的折扣率。这些预置的折扣率可以通过后台的收银机控制系统设定。

如果使用优惠功能键输入，当前字段就会变成对应的优惠或折扣字段，在这里输入数值，最后用【回车】键确定。如果使用预置折扣键，则会直接显示出对应的折扣率，并计算出优惠金额。

赠送实际上就是一种优惠额等于原价的让利形式。但是，输入优惠时，最后得出的金额为零是不允许的。如果确实想要这样做，必须用赠送功能操作。使用赠送功能时，可以在同一页上输入几个销售的商品，再输入几个赠送的同种商品，这就是一种“买×送×”的促销方式。

（8）营业外交易。营业外收入和营业外支出一般用于非营业性现金的进出，对应【收入】键和【支出】键。非销售操作发生的金额与销售收入无关，这部分金额只是钱箱内款项的一个收支记录，供对账时使用。非销售操作不是必需的操作，系统实际应用时可以不使用这部分功能。

如果金额为零，系统只打开钱箱，不记账，不打印收据。因此，【收入】键和【支出】键在不输入金额时可以作为【开钱箱】键使用。

（9）权限控制。一些特殊的操作（如报表查看、练习、作废、优惠、赠送、键定义、结账、退货等操作）需要被授权才能进行，本系统针对不同用户设置了两级权限（即禁止和允许），与收银机的位置无关。例如：某收银员用自己的账号登录，如他的“报表查看”权限被允许，则他能随时看到自己的各项收款报表（笔数、金额），否则什么也看不到。

收银员进行优惠操作的时候，所录入的折扣比例是受限制的，每个收银员都可以在后台设定不同的折扣上限，最高上限不能超过100%。如果收银员输入的折扣比例超过当前收银员所允许的最高上限，那么需要拥有更高优惠权限的员工刷授权卡才能继续交易，刷授权卡有两种方式：一种是输入用户名和密码，另一种就是直接刷卡操作。如果后台更改了相关收银员的折扣权限，只要在前台进行网检就可以按照新的设定进行。

（10）会员储值卡。

①会员功能。确认顾客身份（顾客持会员卡在刷卡器上刷卡确认身份），如果是会员，则商品一律按会员价出售。如果会员卡还兼有储值功能，系统会显示卡中余额（如图7-11所示）。（注：在既有会员优惠又有定时优惠时，系统会自动选择“低价”销售）

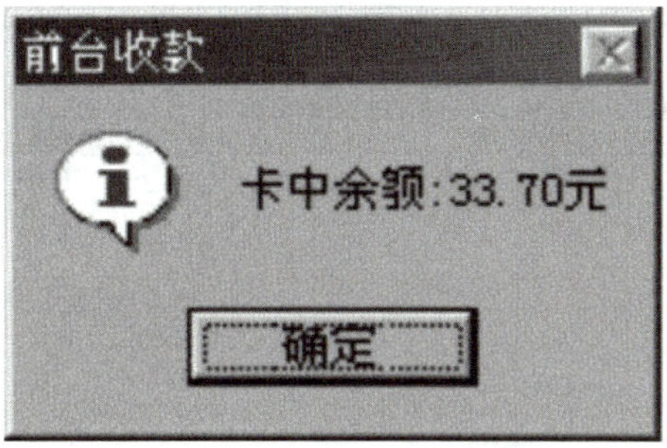

图7-11 系统提示会员卡余额

②储值功能。顾客付款时可用储值卡支付。本系统将会员储值功能集于一卡，该卡首先作为会员卡使用，系统可另外设定是否作为储值卡使用。使用会员功能时必须在交易录入前刷卡，使用储值功能时在付款时刷卡（或按【会员】键后输入卡号），如果该卡储值功能有效（会员卡可由用户自设密码，使用时输入密码，密码错误不能用卡消费），系统会显示出卡中余额，然后在录入框内输入卡消费金额，如卡中金额不足，需要重新输入，最后按【回车】键确定即可。储值卡可与其他支付方式（现金、支票等）同时使用，也可多张储值卡同时使用。如果会员卡无效，系统会提示“这张会员卡现在不能使用”（如图7-12所示）。

图7-12 会员卡交易故障显示窗口

③使用IC卡消费。顾客可以在一笔交易中使用多张储值的IC卡消费。首先插入IC储值卡，按下【会员】功能键，然后按【合计】键，当系统读出信息之后，就可以输入支付金额，系统会根据当前的输入金额直接更改IC卡中存储金额，如果支付不足，可以换卡支付，只需要执行同样的步骤，再录入金额即可。

如果在更新完卡中金额之后，交易由于非正常因素无法完成，例如断电、打印小票时死机导致流水信息无法保存，此时可以通过IC卡金额回冲完成。如果存在这种情况，会在每一笔交易开始之前提示收银员是否进行IC卡金额回冲操作（如图7-13所示）。

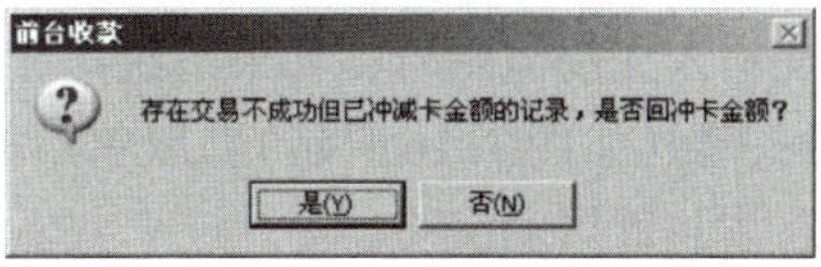

图7-13 IC卡交易故障显示窗口

选择“是（Y）”，执行回冲，会打开需要回冲的信息列表（如图7-14所示）。

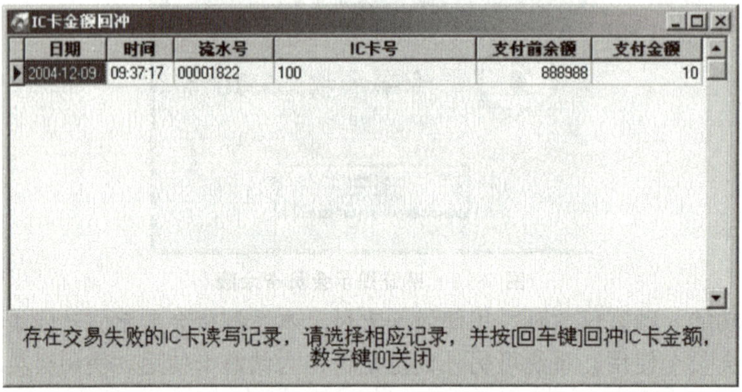

图7-14　IC卡金额回冲显示窗口

将光标移动到相应的记录中，然后插入相应的IC卡，按【回车】键，就可以将当前记录的金额回冲到IC卡中。如果不想执行回冲操作，只要按数字键【0】，关闭即可。如果当前存在交易失败的记录信息，则每次交易开始都会进行提示，如果想避免，可以将前台程序安装目录下的Data\ICWSucc.dbf表格拷贝出来，并在本地删除，然后将拷贝的数据文件在后台会员管理的IC卡补登功能中执行回冲金额操作。

注意：在使用IC卡支付的过程中，如果已经录入了IC卡支付的金额，则不允许执行【总清】和【继续录入】操作。如果一笔交易存在使用IC卡支付方式，那么不允许作废此笔交易。

（11）挂单。收银员在收款过程中可能会遇到这种情况：录入许多条商品信息后，顾客需要继续采购而已录入的商品信息需要保存，等顾客再次回来直接加入新商品即可，这时可使用【挂单】功能。录入一条或一条以上商品信息时，按【挂单】键可将当前这笔交易保存下来而不影响后续的交易。挂单的提示信息如图7-15所示。

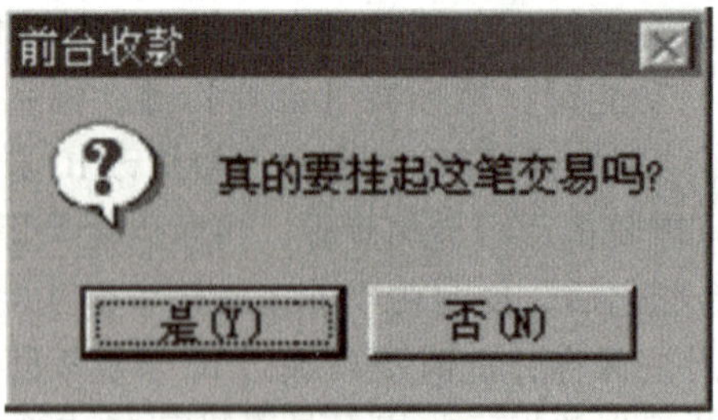

图7-15　挂单

（12）取单。某笔被挂单的交易可按【取单】键将其提出（即提账）。如果系统只挂账了一笔交易，则不需要输入交易流水号；如果系统挂账了一笔以上的交易，则需要输入流水号以确定是哪一笔（如图7-16所示）。取单后的操作与普通交易完全相同，可继续录入也可按【总清】键取消交易。

图7-16 取单

（13）继续录入。按【合计】键以后，如果收银员发现还有商品需要录入（此时系统等待录入付款金额），可使用【继续录入】键。按【继续录入】键，程序返回交易录入界面。

（14）交接班处理。

①暂离。收银员有事需要暂时离开时，需要收银员按【0】键退回到收银员注册界面。

②交班。收银员当班结束，交接时选择收银员功能菜单的“交班退出”功能，返回到注册界面。交班时需要输入当前用户密码（如图7-17所示）。

图7-17 交班退出

③结账。当天最后一个收银员下班时，可以使用本功能。通过选择收银员功能菜单的“结账退出”功能实现。这一操作的实现要受到后台的控制，只有在后台允许结账的时候，收银员才能结账退出，否则系统将予以拒绝。结账退出后，系统将返回到注册界面。结账也需要输入当前用户密码，如结账成功则弹出“结账成功”对话框，否则在结账过程中会提示具体出错信息（如图7-18所示），这时应与系统管理员联系。

图7-18 结账退出

“商海导航中小型商业管理系统”常用快捷键及功能见表7-1。

表7-1　“商海导航中小型商业管理系统”常用快捷键及功能

快捷键	a	b	h	j	k	l
功能	会员查询	会员积分	行清	继续录入	用户键	用户键
快捷键	f3	f4	f5	:	,	f7
功能	银行付款	支付2	支付3	会员卡	支付显示	上页
快捷键	PgDn	[	]	<	>	~
功能	合计	下页	支出	作废	流水查询	交易优惠
快捷键	p	q	t	z	f1	f2
功能	清除	挂账	网检	总清	数量调整	现金
快捷键	f8	f9	f10	+（数）	-（数）	/（数）
功能	收入	赠送	退货	单项优惠	单项折扣	数量
快捷键	/	Esc	End	Ins		
功能	交易折扣	关机键	进纸键	开钱箱		

7.2.3　自助收银机简介

随着各类支付方式的发展和人们消费需求的转变，传统人工收银方式的弊端逐渐显现，如业务量大时长时间排队影响了消费者的消费体验，因此自助收银方式应运而生。自助收银最早起源于德国WINCOR NIXDORF公司生产的带现金模块和银行卡模块的自助结算终端在超市中的应用。在新零售的大趋势引领下，随着支付宝、微信等支付方式的快速发展，大量零售企业开始使用高效便捷的自助收银终端。自助收银机在目前阶段还不能完全代替人工收银，但作为辅助手段，它能提升收银速度。此处列举两类常用自助收银系统。

1）基于POS系统的自助收银机

此类收银机计价原理与传统POS系统相同，主要基于条形码识别技术，由消费者自行使用自助收银机依次扫描商品条形码，再选用收银机支持的支付方式付款，通常可支持银行卡、微信、支付宝、现金、刷脸等支付方式，此类收银机被广泛运用，现在沃尔玛、家乐福、优衣库等很多大型超市、商店都使用了此类自助收银机（如图7-19所示）。

图7-19 自助收银机

2）基于RFID技术的自助收银机

此类收银机主要基于RFID技术。RFID是一种无线通信技术，可以无接触与相关目标进行通信并读取相关数据，其技术原理根据标签类型差异而有所不同：一类是不需要供电的无源标签，此类电子标签里有天线，其能在进入读写器的范围内时感应到读写器的磁场，并在天线的作用下释放能量，发出储存在电子标签芯片中的信息；另一类是需要供电的有源电子标签，此类电子标签主动向外界发出一定频率的信号供读写器识别，读写器在读取到信息后，发送给软件系统进行进一步处理。

FRID系统一般由电子标签、读写器和软件系统组成。在RFID收银系统中，每件商品上都附有唯一的电子标签，电子标签信息中储存了商品的名称、规格、生产日期等商品信息，读写器通常安装在购物车上。顾客只需将所有商品放入感应区即可识别出所有商品信息（包含商品价格），而无须对每一件商品进行扫描。相比POS系统的条形码识别技术，该系统的识别效率明显提升。

7.2 收银工作流程

收银员的工作流程一般可分为三个阶段：营业前的准备工作、营业中的收银作业、营业结束后的撤离工作。

7.2.1 营业前的准备工作

营业前的准备是收银工作的起点，对其总体要求是准备要认真、充分。收银准备工作流程包括以下几方面的工作：

1）着装、参加早会

收银员着工作装，佩戴上岗证，参加早会（或班前会），接受工作分派。

2）领取机号、补充必备的物品

早会（或班前会）结束后，按分派上岗的收银机号码，领取相应的为每台收银机准备的专业设备和文具，主要包括：备用金、验钞机、消磁“取钉器”及CD“取钉器”、现金布袋、笔、便条纸、海绵缸、订书器（含钉）、购物袋（不同规格）、暂停收款牌、收银小票纸带、干净的抹布等。

3）整理清洁工作

迅速走到所负责的收银台处，做好负责区域的整理清洁工作，主要包括：整理收银机台面，把所有收银作业中用到的专业设备和文具放到规定的位置；整理收银柜；清洁收银机设备；清洁地面、垃圾桶；收银机前货架的整理工作，包括整理商品、清除灰尘、核实价格标签等。

4）开机/检查收银机

检查收银机电源连接情况，开启收银机；根据工号和密码登录收银机，检查其运行是否正常；打开现金抽屉，清点备用零钞后关闭现金抽屉；调试好打印机，装好打印纸带；检查验钞机、消磁系统、银行卡机、工作灯等。

5）熟记并确认特价商品及促销活动

熟记当日特价、当日调价、促销活动商品，确认重要商品所在位置等。

6）仪容仪表检查

收银员自我检查着装及仪容仪表。

7）准备迎宾

开启收银通道，打开工作灯，等待顾客光临。

营业前的收银准备工作流程如图7-20所示。

着装、参加早会→领取机号、补充必备的物品→整理清洁工作→开机/检查收银机→熟记并确认特价商品及促销活动→仪容仪表检查→准备迎宾

图7-20 营业前的收银准备工作流程图

7.2.2 营业中的收银作业

营业中的收银作业是收银工作三个阶段中最重要、最核心的环节。本阶段的总体要求是正确、礼貌、迅速、手准、耳清、眼清，唱收唱付，声音响亮、清晰。

1）输入密码

收银员在输入自己的工号和密码后，即可进入系统收银程序。

2）欢迎顾客

收银员按规定的服务标准招呼、问候顾客。一般来说，对超市收银员要求在肢体语言上用站立服务，在面部语言上用微笑服务，在口头语言上用普通话服务。常用的问候语有：“欢迎光临！”“您好！”“上午好！”“中午好！”“下午好！”“晚上好！”“欢迎下次光临！”等。

3）输入顾客资料

如果顾客有会员卡，需要扫描输入顾客会员卡信息。顾客使用会员卡可以获得积分和打折的增值服务。

4）扫描商品

当顾客结账时，收银员首先要帮助顾客将所购商品放在收银台上，然后逐一扫描顾客的商品，将所购买的商品信息输入收银机。遵循前述扫描商品的原则，做到手准、耳清、眼清，即收银员扫描商品的技术和手击键盘的技术要准，耳朵要清楚地听到扫描器发出的“嘀”声和打印机打印收银小票的声音，眼睛要注视收银机的显示屏，看清所显示的信息。对于扫描例外，可按上述方法处理。扫描商品时应注意：

（1）手持扫描枪或将商品逐一经过扫描器，听到扫描成功的“嘀”声后，判断收银机显示的售价、品名是否与商品相符或符合常识。注意手耳结合，不能多扫也不能漏扫。

（2）扫描商品出现例外时，应找出其代码采用手工方式正确录入。

（3）扫描完成的商品必须与未扫描商品分开放置，避免混淆。

（4）检查购物车（篮）底部，查看顾客是否留有未扫描商品。需要注意是否有商品扫描不成功、遗漏扫描、未正确使用数量键、未做遗留商品的检查、重复扫描等情况的发生。

（5）扫描器与商品应保持适当的距离，不能将商品在扫描器上摩擦或在扫描器上不停地晃动。

（6）遇到商品数量调整以及挂单等情况时，参考前述收银机的使用方法。

5）商品消磁

收银员对逐一扫描后的商品进行消磁，包括消磁器消磁和人工消磁。对采用硬防盗的商品，消磁时注意不得损坏商品。对消磁例外，按消磁例外处理原则、方法处理。

6）装袋

协助顾客将已消磁的商品装入相应的购物袋中。

7）金额总计

当顾客所购商品全部扫描、消磁完毕后，收银员应确定付款金额总计，并告诉顾客应付款总额。支持多种支付方式的，应询问顾客使用什么支付方式支付。

8）收款确认

接到顾客的钱款，对现金要进行假币的辨认，同时用自然、清晰的声音对顾客唱收："您的商品共计××元，收您××元。"对银行卡付款，则执行银行卡收款程序，先辨认真假，同时用自然、清晰的声音对顾客唱收："您的商品共计××元，收您××卡一张。"提示顾客等待刷卡。对云闪付、微信、支付宝等移动支付方式，应提示顾客扫付款码或出示付款码。

收款时需要注意：

（1）询问顾客是否用储值卡或信用卡支付，如果用卡支付，则按刷卡流程办理。

（2）用双手接顾客交来的储值卡或信用卡，以示对顾客的尊重。

（3）储值卡内余额为零时，回收储值卡。

9）找零

唱付顾客的零钱，或刷卡成功后将信用卡还给顾客，同时将收款小票双手递给顾客，提醒顾客拿好商品。

10）欢送顾客

对顾客表示感谢，欢送顾客。

11）接待下一位顾客

重复以上程序，服务下一位顾客。

另外，收银员还要时刻保持收银台及周围环境的清洁，并注意收银机的维护：

（1）应保持机器外表的整洁，不允许在机器上摆放物品，做到防水、防尘、防油。

（2）动作要轻，特别是在开启、关闭银箱时要防止震动。

（3）电源线的连接应安全和固定，不能随意搬动机器和拆装内部器件。

（4）断电关机后，至少在一分钟后开机，不能频繁开、关机，并经常检查打印色带和打印纸，及时更换色带和打印纸，保持打印机内部的清洁。

（5）定期清洁机器，除尘、除渍。

有时收银员还要协助、指导新员工及兼职人员，在收银空闲里整理顾客的退货等。收银作业的标准可参照表7-2。

营业中的收银作业流程如图7-21所示。

表7-2 **收银作业的标准**

步骤	标准用语	标准动作	错误行为
欢迎顾客	欢迎光临；您好；早上好；中午好；下午好；晚上好	面带微笑，声音自然，与顾客目光接触；帮助顾客将购物篮或购物车中的商品放上收银台	无笑容、无欢迎用语、无表情；不理顾客、不主动帮助顾客
扫描/检查		手持扫描枪或将商品逐一经过扫描器，听到扫描成功的“嘀”声后，判断收银机显示的售价、品名是否与商品相符或符合常识；扫描完成的商品必须与未扫描商品分开放置，避免混淆；检查购物车及顾客手中是否还留有未扫描的商品	商品扫描不成功却未进行重新扫描、遗漏扫描、未正确使用数量键、未作遗留商品的检查、重复扫描
消磁商品		扫描后的商品逐件进行消磁，对采用硬标签的商品，要在不损坏商品的前提下消磁	漏消磁、不消磁
装袋		按装袋原则进行装袋，尽量满足顾客提出的特殊要求	让顾客自己装袋；装袋不符合要求；拒绝顾客要求；损坏商品
合计总额	总计××元，谢谢	将商品放入购物车或装好购物袋，询问顾客采用的支付方式，等待顾客付款	声音太小；读错总额；未清楚询问顾客以何种方式付款
唱收	共收您××元；收您××卡一张；请将您的付款码对准这个位置/请出示您的付款码	当着顾客的面点清钱款并确认金额；现金要检查真伪，若用银行卡，应礼貌地请顾客等待刷卡；对顾客出示付款码或提示顾客将付款码对准适当位置付款，并及时确认是否到账	未唱收钱或卡；未检查现金真伪；点错现金；刷卡时间过长或金额错误；错误使用收款键；顾客扫码支付或出示付款码过程中未进行明确提示
唱付找零	找您××元，请您拿好小票	找出正确零钱，大钞、零钱放在规定的收银机钱格中，关闭抽屉，双手将现金、收银小票交给顾客或将银行卡票据放入抽屉，将卡、底单、小票交还顾客	未唱付找零；找错零钱；忘记给收银小票
感谢顾客	谢谢，请拿好小票，欢迎再来	提醒顾客不要遗忘物品，面带笑容，目送顾客离开	没有感谢语；无笑容

输入密码→欢迎顾客→输入顾客资料→扫描商品→商品消磁→装袋→
金额总计→收款确认→找零→欢送顾客→接待下一位顾客

图7-21 营业中的收银作业流程图

基于POS系统的自助收银机的使用流程为：将所选商品的条形码逐一在机器的条码扫码区扫过，完毕后点击支付，会出现“扫码支付”“刷脸支付”等选项。“扫码支付”时，直接将付款码在机器的条码扫码区扫入即可。使用“刷脸支付”就不需要手机了，直接面向机器上方的摄像头进行人像采集，采集成功后，输入绑定的手机号，显示屏上出现面部照片，即可进行付款。

在使用自助收银机的营业环境中，通常不需为每台收银机配置收银员，但由于顾客在自助支付的过程中仍可能出现操作失误或机器故障等情况，因此要配置相应服务人员在收银机旁对顾客提供帮助和指导。此类服务人员应提前在醒目的位置张贴自助收银机的使用流程简介，在服务过程中提供及时、适当的帮助，并遵循礼貌、耐心、细致的原则。

7.2.3 营业结束后的撤离工作

营业结束后，收银员的工作流程如下：

1）暂停收银

在收银即将结束时，如果还有顾客在收银机前等候结账，应继续为其服务。收银员在放置“暂停收款”告知牌的同时，向附近的顾客提示：“对不起，请到其他收银台结账，这个收银机暂停收款了。”

2）执行“班结”程序

向收银主管申请执行“班结”程序，打印“班结”清单。

3）整理提交的现金、票据

下列现金和票据应立刻交到现金室：

(1) 收银机抽屉中的所有现金（放入现金袋中）。

(2) 信用卡单、银行卡单、支票结算单等。

(3) 代金券、优惠券（卡）等。

(4) 其他公司许可充当现金的凭证。

(5) 本收银机“班结”袋。

4）退出系统

退出收银机收款系统，切断收银机、消磁系统等的电源。收银机的抽屉不必关上，应将其打开，直到次日营业开始。

5）离岗前的工作

(1) 将提交现金室的现金、票据安全护送到现金室，将借用的设备、用具归还现金室。

(2) 将回收物件（如硬标签、CD架、衣架以及收银区域内的购物车、篮及商品等）送还到指定地点。

（3）封闭收银通道。

（4）做好区域清洁整理。

6）离开收银岗位

离开收银岗位，本班次结束。

营业结束后的撤离工作流程如图7-22所示。

暂停收银→执行“班结”程序→整理提交的现金、票据→
退出系统→离岗前的工作→离开收银岗位

图7-22 营业结束后的撤离工作流程图

大型商场和超市一般都设有总收款室，以利于及时准确地结算每日的营业款。收银员下班时要将当天的全部现金和信用卡结算单据等票据清点好，填写现金交款单，并装入现金班结袋，送往总收款室。总收款室应指派专人复核所收现金及单据处理是否正确，并将现金和票据分类存放。

7.3 商品条形码基础知识

7.3.1 商品条形码概述

条形码又称为条码（BAR CODE），是商品上普遍使用的标识之一，它是由美国的N.T.Woodland在1949年首先提出的。随着计算机应用的普及，条形码的应用得到了很大的发展。商品条码是中国物品编码中心（Article Numbering Center of China，ANCC）系统的一个重要组成部分，是后者发展的基础。它主要用于对零售商品、非零售商品及物流单元的条码标识。条形码在国际上统称为条码，它是将宽度不等、反射率不同的多个黑条和空白，按照一定的编码规则排列，用以表达一组信息的图形标识符。常见的条形码是由反射率相差很大的黑条（简称条）和白条（简称空）排成的平行线图案（如图7-23所示）。条形码可以标出物品的生产国、制造厂家、商品名称、生产日期、图书分类号、邮件起止地点、类别、日期等许多信息，因而在商品流通、图书管理、邮政管理、银行系统等许多领域都得到了广泛的应用。

6 902890 884910

（EAN条形码）

619878702156

（UPC条形码）

6 937526 503743

（EAN条形码）

图7-23 条形码举例

7.3.2 条形码在商品包装上的类型

目前世界上常用的码制有EAN条形码、UPC条形码、二五条形码、交叉二五条形码、库德巴条形码、三九条形码和128条形码等，但目前得到国际公认用于商品包装的主要有两种，即UPC条形码和EAN条形码。其中EAN条形码有两种形式，这两种形式的EAN条形码每个字符均由数条黑白相间的条纹组成，中间有两条窄条纹向下伸出少许，将条形码分成左右两部分。UPC条形码和EAN条形码虽然只能表示0到9十个数字，但是却具有高度的查核能力，并且在扫描操作上简单可靠。

1）UPC条形码

UPC条形码是由美国和加拿大共同组织的“统一编码委员会”（Universal Code Council，UCC）选定以IBM公司提出的Dalta-Distance为基础而通过的。UPC码（Uniform Product Code）作为美、加产品统一的标识符号。

2）EAN条形码

EAN条形码是欧共体的“欧洲物品编码协会”（European Article Numbering Association）吸取了UPC的经验而确立的物品标识符号。该协会于1977年改名为“国际物品编码协会”（International Article Numbering Association）。在我国，零售商品的标识代码主要采用GTIN的三种数据结构，即EAN/UCC-13、EAN/UCC-8和UCC-12。通常情况下，选用13位的数字代码结构用EAN-13条码表示。只有当产品出口到北美地区并且客户指定时，才申请使用UCC-12代码（用UPC条码表示）。中国厂商如需申请UPC商品条码，须经中国物品编码中心统一办理。

7.3.3 两种条形码的构成

UPC和EAN两种条形码虽然同属一个类型，但是由于EAN码是在UPC码基础上形成的，而且有所发展和创新，因此在技术上EAN系统的光电阅读器可以阅读UPC系统的条码，而UPC系统的光电阅读器却不能阅读EAN码。这两种条形码的构成如下：

1）UPC的构成

由11位数字的通用产品代码和1位校验码组成。通用产品代码的第1位数字为编码系统字符，中间5位数字表示制造商号，后5位数字为产品代码。

2）EAN码的构成

EAN码是我国商品包装中主要采用的编码方式。它由代表12位数字的产品代码和1位校验码组成。产品代码的前3位为国别码，中间4或5位数字为制造商号，后5位或后4位数字为产品代码，最后一位为校验码。EAN码的国别码由EAN总部分配管理。我国可用的国家代码有690-699。生活中最常见的国家代码为690-693，其中以690、691开头时，厂商识别码为四位，商品项目代码为五位；以692、693开头时，厂商识别码是五位，商品项目代码是四位。制造商号代码由EAN在各国的分支机构分配管理，我国由“中国物品编码中心”统一分配企业代码。产品代码由制造商根据规定自己编制。

目前，在国内外市场上普遍在商品包装上使用条形码标签，几乎所有的商品都使用条形码识别系统。在销售中顾客选定商品后，售货员只要把商品包装上的条形码对着扫描阅读器，POS机就能自动查询售价并作收款累计。当把顾客选定商品的所有条形码都扫描后，POS机也就立即报出总价并把购物清单打印出来。这样，商店只需配备少量的售货员便能迅速、准确地完成结账、收款等工作。商品条形码的使用既方便消费者，也为销售企业本身改善管理、提高销售效率、降低销售成本创造了条件。对批发、仓储运输部门而言，通过使用条形码技术，商品分类、输送、查找、核对、情况汇总迅速、准确，能缩短商品流通和库内停留时间，减少商品损耗。在商品包装上使用符合国际规范的条形码，使商品能在世界各国的商场内销售，出口厂商就有可能及时掌握自己的产品在国际市场的需求情况、价格动态和其他有关信息，有利于不断改进商品的生产和销售，因而可进一步促进国际贸易的发展。同时，不少国家和地区，为了适应商品流通的需求，限定在商品包装上必须印刷条形码标志，否则不准进口。因此，条形码在国际包装上的应用已成为包装现代化的一个重要内容。

7.4 收银机常见故障及处理

7.4.1 扫描器常见故障的排除

扫描器常见的故障及排除方法主要有以下两种：

（1）指示灯不亮，无鸣响或激光。发生这种情况时，应检查电源、插座和电源线，确保电源线已正确连接扫描器。

（2）读取一个条码后，扫描器死机。扫描器具有保护功能，如果读取的条码数据传输错误，它会自动进入保护状态，从而防止数据丢失。如果发生这种情况，需仔细检查连线，确认无误后，重新启动扫描器。

7.4.2 网络不通故障的排除

如果网络不通，则显示屏的右下方会出现一个打红叉的网络图标或是主机后面网卡的灯亮起（操作员平时要注意观察）。出现这种情况时，首先要检查网络连接线是否已连接好。若确信网络接通但仍不能与后台数据连接，要及时与系统维护人员联系。

7.4.3 打印机故障的排除

打印机常见故障的排除方法主要有以下几种：

（1）打印的小票不清楚或是没有任何信息时，就需要更换色带了。

（2）当出现卡纸现象时，记住应当先关闭打印机的电源，再打开打印机的机盖，小心地取出被卡住的纸，重新放好打印纸，盖好打印机。

（3）打印机缺纸时，指示灯为红灯，并伴有收银机假死机，这时需要换上打印纸，指示灯重新变为绿灯，收银机即可正常工作。

（4）在安装打印纸时，要把打印机里的碎纸片清理干净，保持机器内部卫生。

7.4.4 黑屏

黑屏故障的排除方法主要有以下几种：

（1）检查电源接口和电源线通电情况，检查主机箱电源的接口和电源线是否完好以及显示器是否开启，接口和电源线有破损断裂的应当及时更换。

（2）在供电正常情况下出现黑屏应直接与电脑维护人员联系。

（3）在工作中出现断断续续的黑屏现象，是电压不稳定造成的，电压恢复稳定时就会恢复正常。

7.4.5 死机

收银机对按键无反应时即为死机。死机的处理步骤如下：

（1）假死机现象。如按小键盘上的【Num Lock】键，指示灯有反应而其他键及鼠标都不能用就是假死机现象。很多假死机是由于运行的程序没有响应造成的（比如同一时间打开或者启动的程序过多，由于系统资源消耗严重，就会产生程序停止响应的情况），这时我们可以按【Ctrl】+【Alt】+【Del】组合键，在任务管理器的“应用程序”中选取要结束运行的程序，然后单击“结束任务”令其强行关闭即可让系统恢复正常运行。

（2）真死机现象。在真死机情况下，键盘上任何键、鼠标都不能使用。这时需要按【Ctrl】+【Alt】+【Del】组合键，选择“关机-重新启动”菜单重新启动，或按主机箱上的【Reset】键来重新启动。

（3）当“结束任务”和“重新启动”都不能操作或是计算机没有反应时，就需要关掉POS机的电源。这里有两种方法：一是按下开机键，直到显示屏变黑为止，然后再开机启动；二是当按住开机键也不能关机时，只有直接断开电源，几秒钟过后再接通电源，重新开机，但此法对收银机寿命有较大影响。

7.5　收银机常见例外的处理

收银机常见例外情形及处理方法见表7-3、表7-4、表7-5、表7-6和表7-7。

表7-3　常见条形码例外的原因及处理方法

例外情形	原　因	处理方法
条形码失效	条码损坏、有污渍、磨损；生鲜条码印刷不完整、不清楚	在同样商品中找到正确的条码，用手工扫描方式解决；生鲜条码重新计价印刷
条形码无效	编码错误；条码重复使用、假码	核实商品的售价，按商品的实际价格售卖；将例外记录由相关负责人跟踪解决
多种条形码	商品的包装改变，如买一送一；促销装商品的赠品条码有效	核实正确的条形码；由相关负责人跟进所有的非正确条形码，必须予以完全覆盖
无条形码	商品本身无条形码或自制条形码脱落；商品的条形码无效	找出正确的条形码，用手工扫描；由相关负责人跟进剩余商品的条码检查

表7-4　消磁例外的原因及处理方法

例外情形	原　因	处理方法
漏消磁	商品未经过消磁程序	商品必须经过消磁程序，特别是硬标签的商品类别，应予以熟记；重新进行消磁处理
消磁无效	商品消磁的方法不正确，超出消磁的空间	结合消磁指南，掌握正确的消磁方法；对软标签的商品类别予以熟记，反复多次消磁，直到有消磁的回音为止；重新进行消磁

表7-5　收款例外的处理

例外情形	处理方法
假币	如对钞票发生怀疑，应进行假币鉴别程序；当收银员不能做出最后判断时，应请求收银管理部门的帮助；如确认为是假币，可请求顾客更换，如顾客因此产生异议，可双方一同到银行进行鉴别
残损币	如顾客使用的是残损币，可请求顾客更换；如属于不影响币值的残损币，可考虑接受

表7-6　找零例外的处理

例外情形	处理方法
无零钱	收银员必须随时保持足够的零钱；如果零钱不足，必须向收银主管兑换零钱，不能私自向其他收银机兑换、暂借或用私人的钱垫付；必须如数找零，不能用小糖果等代替零钱；如遇到零钱不足无法找零时，请求顾客稍微等候，兑零后再找；如零钱不够时，宁肯多找零钱也不能少找零钱
顾客不要零钱	如有顾客不要的少量硬币，必须放在钱箱的外边，当有顾客硬币不够时，可用此充数
顾客请求	如顾客对找付的零钱有要求，不能拒绝顾客，应满足顾客的要求；如顾客不购物也要求兑换零钱，应满足顾客，不能拒绝；如顾客对找给的零钱不满意，如破旧、较脏等，必须满足顾客要求，给予更换；即使钱箱关闭，也要等第二次开箱时给予更换，不能拒绝顾客或极力说服顾客接受

表7-7 装袋例外的处理

例外情形	处理办法
商品过重	分开多个购物袋或多套一个购物袋
不能装袋	向顾客解释因购物袋大小问题不能装袋，并提示顾客可以到服务台捆扎
袋子破裂	去掉破裂购物袋，重新包装

知识回顾

一、单项选择题

1.POS机的核心部件是（　　）。

A.显示器　B.打印机　C.主机　D.键盘

2.POS机钱箱中用来存放纸币的是（　　）。

A.票夹　B.钱槽　C.扎条　D.钱包

3.收银机的主要输入设备是（　　）。

A.显示器　B.打印机　C.主机　D.键盘

4.不属于POS机基本构成的是（　　）。

A.显示器　B.小票打印机　C.键盘　D.电子秤

5.收银机能够进行收银员的账务管理和营业员的劳动效率统计工作，体现了收银机的（　　）功能。

A.顾客管理　B.员工管理

C.税收管理　D.收据的流水账管理

6.收银机在操作时要注意（　　）。

A. 可以将金属物品或水杯等放在机器上

B. 不要阻塞机器的通风口

C. 可以使用与机器规定不符的电压

D. 可以让头发或其他杂物卷进打印机的齿轮中

7.收银机可以放在（　　）环境中。

A.常温　B.潮湿　C.酸性气体　D.震动频繁

8.下列说法正确的有（　　）。

A.收银空闲时间里，不要随意打开钱箱点钞

B.收银台上除茶水外，收银员可以放置其他任何私人物品

C.不启用的收银通道不必用链条阻拦

D.收银员在营业期间可以看报与谈笑

9.有关收银机打印机维护的说法不正确是（　　）。

A.当打印机突然停止打印时，需检查是否错按了【不出票】键

B. 打印机面板不能承受过大的压力

C. 因打印机的旋钮杆很小，应小心旋转

D. 打印机的打印厚薄间隔不必调好

10. 目前我国商品包装上使用的条形码是（ ）。

A.UPC 条形码 B.EAN 条形码 C.三九条形码 D.库德巴条形码

二、判断题

1. POS 机操作简单，大大减轻了收银员的脑力劳动，实现了节省人力、物力、财力和提高工作效率的目标。（ ）

2. 通过 POS 系统能够记录每位顾客的购物情况，分析卖场购物高峰及顾客购物倾向，为确定合理的商品结构提供及时、准确的科学依据，提高了企业经营利润。（ ）

3. 只有正在过机扫描收款的当值收银员才能对商品进行消磁。（ ）

4. 收银员装袋作业管理要求做到：安全、便利、正确、妥当、高效和节约。（ ）

5. 零用金应包括各种面值的纸币及硬币，其金额可以根据营业规律来确定，每台收银机每日的零用金可以不同。（ ）

6. 收银员在营业过程中应随时检查零用金是否足够，发现不足时可以找其他收银员兑换。（ ）

7. 找零时应按最大面值的现金组合，以节约零钞；但零钞不够时，可以水果糖、口香糖、餐巾纸等小物品代替。（ ）

8. 收银员找零时，如果顾客较多，可以直接将零钞、单据放在购物袋或收银台上。（ ）

9. 在收银员暂时离岗停止收银时，可以随时将“暂停收银”告示牌面向顾客排队结账的方向出示。（ ）

10. 收银员在金钱收支方面不论是盈余或短缺，都应由商家负责，以明确收银员的责任，减少舞弊行为的产生。（ ）

11. 收款、找零出现差错，不管是什么原因，收银员首先应自我检查，即使是顾客的错，也要注意不与顾客发生纠纷。（ ）

12. 收银员应找顾客零钱而手头没有时，应礼貌地问顾客：“请问您有零钱吧？”如顾客有，应对其说“谢谢”；如果顾客没有，要对其说“对不起，我马上去换”，然后立即向收银主管兑换零钱。（ ）

13. 当顾客发现随身携带的现金不足以支付货款时，应好言安慰，建议顾客退掉部分商品；如果已经打好单据，则将其收回，重新为顾客打印一份结算单。（ ）

知识应用

模拟商场收银流程，把学生分成若干小组，每组轮流由一名学生模拟收银员，其余同学模拟顾客，并根据实际收银过程中可能遇到的问题让收银员正确、快速地解决，提高学生的实际工作能力。

一、训练目标

熟练掌握商场营业前的准备工作、营业中的收银作业及营业结束后的撤离工作三个阶段的工作内容。

二、训练内容

1. 营业前的准备工作（详见本项目相关内容）

营业前的收银准备是收银工作的起点，本阶段的总体要求是准备认真、充分。

2. 营业中的收银作业（详见本项目相关内容）

营业中的收银作业是收银工作三个阶段中最重要、最核心的流程。本阶段的总体要求是正确、礼貌、迅速、手准、耳清、眼清，唱收唱付，声音响亮、清晰。

3. 营业结束后的撤离工作（详见本项目相关内容）

营业结束后的撤离工作流程包括暂停收银、打印“班结”清单、提交现金和票据等工作，本阶段的总体要求是细致、认真。

三、训练方法

角色扮演法和教师讲评法相结合。

四、考核与评价建议

1. 在收银员实操技能考核中，应考虑收银员实际工作情况，准确把握学生对整个收银环节的熟悉程度，并设置突发情况让学生进行处理，以检验学生的应变能力和独立工作能力。

2. 按照收银工作流程、操作熟练程度、应收应付结算正确与否、着装与仪表、服务态度、服务语言、动作规范化和标准化程度等给考生进行评分。

项目八

计算器和计算机小键盘的使用

学习目标

知识目标

1. 了解计算器的发展历史及种类；
2. 熟悉计算器和计算机小键盘各键位的功能；
3. 熟悉计算器和计算机小键盘操作上的规范指法；
4. 掌握正确的操作姿势；
5. 明确盲打技术是提高计算速度与质量的主要途径。

技能目标

1. 能够熟练使用计算器进行快速、准确的计算；
2. 能够熟练使用计算机小键盘进行数字录入和计算；
3. 熟练使用盲打技术。

引导案例

自2009年进入中信银行以来，吴桐一直在解放碑支行从事前台柜员业务，直到不久前调至观音桥支行担任会计主管。经过在中信银行几年时间的磨练学习，她不仅在原本随性的性格中加上了细心和谨慎的标签，还把这份阳光的自信和温暖的服务带给她的每一位客户。

当然，一个优秀的明星柜员不只有热情周到的服务，高水平的业务技能也是她荣膺嘉奖的原因。目前，吴桐单指单张点钞平均成绩约为20把/10分钟、打字平均成绩约为900字/10分钟、小键盘录入平均成绩为90分，在上一年9月重庆市总工会举办的重庆金融职工技能大赛中，还取得了假币识别项目第一名的优异成绩。

案例点评：

对于从事会计相关工作的人来说，点钞、打字、小键盘录入和假币识别是最基本的专业技能。就拿小键盘录入这项技能来说，要想成为佼佼者，“勤学”“苦练”必不可少。

8.1 计算器基础知识

8.1.1 计算器简介

计算器即计算用的工具。最早的计算工具——算筹诞生于中国，又称为筹策，多用竹子制成，也有用木头、兽骨充当材料的，约270枚为一束，放在布袋里可随身携带。珠算盘是中国古代计算工具领域中的另一项发明，明代时的珠算盘已经与现代的珠算盘几乎相同。

1642年，西方年仅19岁的法国科学家帕斯卡利用算盘的原理，发明了第一部能做加减计算的机械式计算器。1694年，莱布尼兹在德国将其改进后可以进行乘除的计算器。1957年，卡西欧公司生产出世界上第一台商用计算器。自此以后，计算器的发展突飞猛进。电子计算器作为一种先进的、专业的计算工具，在日常生活中得到了广泛应用，满足了人们对数据计算的基本需求。

8.1.2 计算器的分类

目前市场上的计算器种类繁多，可简单分为以下几类：

（1）按规格分为大型计算器、中型计算器和小型计算器。

（2）按形状分为普通型计算器、办公型计算器和工艺型计算器。

（3）按功能分为简易型计算器、函数型计算器、打印型计算器和程序型计算器。

（4）按显示数字位数分为8位计算器、10位计算器、12位计算器和16位计算器。

8.1.3 计算器的特点

计算器的迅速发展和广泛应用，证明了它具有较大的计算优势。

（1）操作简便、易学易会。

（2）速度快、准确性高。

（3）性能可靠、连续工作时间长。

（4）容纳信息多。

（5）成本低、耗电量低。

（6）方便携带、维护简单。

但需要指出的是，计算器对环境温度比较敏感，显示数码管寿命有限。

8.2 计算器的使用

8.2.1 计算器常用键符及其功能

计算器的种类很多，但不管哪种类型的计算器，在使用方法上都大同小异。下面以 SLDTEC-SL2135 型计算器为例（如图 8-1 所示），介绍计算器常用键符及其功能。

图8-1 SLDTEC-SL2135型计算器

C 清除键：按此键可将刚输入的数值全部清除，一般用于输入错误的更正。

CE 修正键：按此键可以修改上一步输入的数额。

→ 退位键：按此键可以清除屏幕上的末位数字。

M+ 存储器加键：按此键可将当前输入的数值加上储入记忆中的数值。

M− 存储器减键：按此键可将当前输入的数值减去储入记忆中的数值。

+/- 正负号转换键：按此键可以更改显示屏中数值的正负号。

% 百分率键：按此键可以计算百分率。

√ 开平方键：按此键可以计算平方根。

MU 损益运算键：例如计算 100÷（1-20%），先输入 100，再按下 ÷ 键，接着输入 20 后按 MU 键，得出结果 125。

GT 总和计算键：按下 = 键或 % 键，结果会累积在总和中，按一次可显示总和，按两次可清除总和。

小数点选位键：用以选择要保留的小数位。F浮动小数；4、2、0固定有效小数点位数；A（ADD2）自动进行2位小数的加减运算。例如输入8，再按=键、+键或-键，显示结果为0.08，但若按·键，则以该小数点指示位置为准。乘除运算无效。

四舍五入键：在指定的位数之后执行四舍五入操作。

8.2.2 计算器屏幕显示

M：记忆符号。

G：表示计算总和。

E：当答案容量超过屏幕位数时，屏幕显示“E”，可按C键，此时清除所有数值；可按CE键或→键，清除“E”，但屏幕上的数值仍可继续使用。

8.2.3 计算器的操作姿势、指法与盲打技术

1）握笔姿势

操作中要将笔握在手中。握笔方法比较简单，将笔横握在右手掌心，笔头书写一端朝向右侧，笔杆上端伸出虎口，并将1/3笔尖露在外侧；操作时大拇指和小拇指控制笔，即当小拇指按键时由大拇指控笔，当大拇指按键时由小拇指控笔。运算时要养成良好的握笔习惯，以便及时记录计算结果，节省拿笔放笔的时间，提高工作效率。

2）操作姿势

坐姿端正、自然、舒适，身体稍微前倾，两腿自然放平，眼睛俯视计算资料。

3）右手操作指法

计算器的按键是有指法分工的，使用正确的指法进行操作，有利于提高输入速度和计算的准确率。

以核心键位“5”为基准点，标准计算器在此键位上设计有一个突出的圆点，用于盲打时以它为核心向其他键位延伸。将右手中指放在基准点“5”上，基准键位群是以“4、5、6”为中心区，分别由右手的食指、中指、无名指负责。进行计算操作时自上而下延伸，食指负责“7、4、1”和→键；中指负责“8、5、2”和00键；无名指负责“9、6、3”和·键；小指负责+键和-键；大拇指负责“0”和C键（如图8-2所示）。

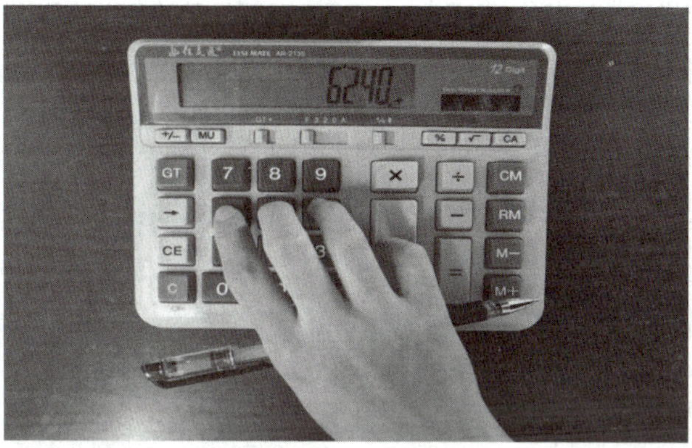

图8-2 右手姿势

4）左手操作技术

用计算器对财会账表进行核算时，账表算的技术主要由两部分构成：第一部分是右手技术，这是关键技术；第二部分是左手的配合技术，这项技术虽然是辅助技术，但技术是否到位，也会对整个计算过程的质量产生直接影响（如图8-3所示）。

图8-3 左手姿势

5）看数与指数

账表上的每笔数字是三位以上都要用分节号隔开，即三位一节，数字录入时要分节看数，一次看三位，左手食指要指向正在录入的数字节，即“分节看数、分节指数”。

6）左右手配合技术

在进行账表核算时，左右手只有始终处于良好的配合状态，才能使动作连贯、速度快、核算效率高（如图8-4所示）。

图8-4　左右手配合姿势

7）计算器盲打技术

计算器盲打技术是提高账表核算速度和质量的重要途径，当基本指法熟练后，应注重盲打技术的掌握，即逐步从左看数据、右看键盘（“左顾右看”）变为尽量只看数据、少看或不看键盘，实现“盲打”。盲打技术是录入技术掌握的最终目标，同时也是划分专业操作与业余操作的界限。

盲打技术是提速的重要途径，而规范指法则是盲打技术的保证，“分节看数、分节指数、边看边录”是操作要领。操作中应随时注意核心键位“5”和基本键位群“4、5、6”，不论手指击打完哪个键位，都应快速将食指、中指、无名指归位到“4、5、6”三个基本键位上来。盲打按键时力度要适中，动作幅度不要太大，手指尽量贴在键面上，不要久按一个键不放。

✲知识拓展

计算器使用小常识

1.计算器的放置。使用计算器时要平衡放置，以免按键时晃动和滑动。计算资料要紧挨计算器，便于计算。

2.计算器的工作环境温度一般为0~40℃。要避免将其置于高温、严寒、灰尘、潮湿环境及磁场附近。

3.避免剧烈震动、碰撞、挤压，以免造成计算器损坏。

4.操作时，计算器要平置于桌面或非弹性物体上。

5.勿使用任何有机类溶剂如酒精、苯类、汽油、煤油等擦拭计算器。

8.2.4　计算器账表算技术

1）账表算简介

账表算也称表格算，就是将账表上的数据进行纵向和横向计算的过程。账表算是日常核算中常见的加减运算形式，常见于会计报表的合计、累计等。由于账表中数据的记录有横向与纵向两种形式，分别具有特定的经济意义，故账表的计算也有横向计算和纵向计算两种类型。账表中的每笔横向计算合计，表示各个组的上半年利润额；

账表中的每笔纵向计算合计，表示整个企业的每月利润额。

例：某企业各部门1—6月实现利润资料见表8-1。

表8-1　**某企业各部门1—6月实现利润资料**　单位：百元

月份 组别	1月	2月	3月	4月	5月	6月	合计
一组	658.71	329.16	520.14	291.53	482.49	712.42	
二组	490.47	-43.28	392.39	601.37	528.92	398.04	
三组	682.53	863.27	302.91	-59.64	629.30	845.62	
四组	348.61	501.74	419.52	192.70	210.62	-75.28	
五组	47.28	78.53	-15.29	64.57	39.25	27.34	
六组	3 491.52	-901.83	1 026.71	3 021.52	6 901.28	5 915.72	
七组	69.61	95.48	42.73	59.29	-13.91	78.15	
八组	287.05	429.57	307.18	72.93	608.27	521.48	
九组	745.19	381.75	-39.27	390.25	514.95	427.83	
十组	29.37	69.83	57.29	42.18	53.42	71.28	
合计							

2）计算器账表算

计算器账表算的计算顺序，可以先横向计算再纵向计算，也可以先纵向计算再横向计算。账表中所有的纵向合计数等于横向合计数即为轧平。轧平是在每笔横向计算和纵向计算全部无误的情况下形成的，所以不论采用哪种计算顺序，都要求准确计算出每笔数字，保证所有的纵向合计数等于横向合计数，争取一次轧平，确保核算质量和效率。

3）计算器账表算操作方法

（1）摆放。用计算器进行账表算时，计算器和账表的摆放位置要合理。计算器与账表应当放置在桌面靠近身体的一边，以便于操作为原则，计算器在右账表在左。

（2）纵向计算。计算数据见表8-1，分别计算该企业1—6月实现的利润额。

第一步：计算1月份实现利润总额。用左手食指指向第一列将要计算的十笔数字中最上边的一笔（658.71），右手用规范指法击打相应的键位，同时左手食指指尖随录入的进度，配合向下一笔数字移动，直到将第十笔数字录完为止，最后将计算器计算出的结果正确地填写在第一列最下边的空格内，反映出该企业十个组在1月份实现的利润总额。将计算器迅速归零，准备下一步计算。

第二步：计算2月份实现利润总额。将左手食指迅速移向第二列将要计算的十笔数字中最下边的一笔（69.83），右手用规范指法击打相应的键位，同时左手食指指尖随录入的进度配合向上移动，直到将十笔数字录完为止，最后将计算出的结果正确地填写在第二列最下边的空格内，反映出该企业十个组在2月份实现的利润总额。将计算器迅速归零，准备下一步计算。

第三步、第四步、第五步、第六步计算3—6月的实现利润总额，计算过程与第二步相同，都是从下边的数字开始录入。这样做的好处是，填写计算结果的位置离将要开始录入的数字保持最近的距离，便于快速衔接，防止串列。填写完6月份实现利润总额后，为了减少键盘的操作次数，节省计算时间，不要将计算器归零，在计算器上保留计算结果，接着将前面填写的五笔利润总额依次进行累加，计算出该企业上半年实现的利润总额，将最终的计算结果填写在账表最右下角的空格内（轧平栏）。

（3）横向计算。计算数据见表8-1，分别计算一组至十组上半年的实现利润额。

第一步：将左手食指指向第一行数字的最左边一笔（658.71），右手用规范指法击打相应的键位，同时左手食指指尖随录入的进度配合向右移动，直到将第六笔数字录完为止，最后将计算结果正确地填写在第一行最右边的空格内，反映出一组在上半年实现的利润总额。将计算器迅速归零，准备下一步计算。

第二步：将左手食指迅速移向第二行将要计算的六笔数字中最右边的一笔（398.04），右手用规范指法击打相应的键位，同时左手食指指尖随录入的进度配合向左移动，直到将六笔数字录完为止，最后将计算结果正确地填写在第二行最右边的空格内，反映出二组在上半年实现的利润总额。将计算器迅速归零，准备下一步计算。

第三步、第四步……第十步的计算过程与第二步相同，都是从最右边的数字开始录入。这样做的好处是，填写计算结果的位置离将要开始录入的数字保持最近的距离，便于快速衔接，视点移动距离短不容易串行。

（4）复核。账表算的复核比较方便，不需要逐笔查验，只需要将横向计算的十个合计数进行加总，所得结果与表格右下角的数据一致，即为轧平，说明整个账表的计算无误。

账表的计算顺序也可以先进行横向计算再进行纵向计算，具体的操作方法与先纵向计算再横向计算基本相同。

8.3 计算机小键盘的使用

目前，收银、出纳、银行储蓄等岗位多使用计算机进行数据处理，高效的数字录入能力是这些岗位必须具备的基本技能。计算机小键盘是向计算机输入数字的重要设备。通常情况下，计算机基础课程会涉及小键盘录入，但由于其讲授和考核重点是中英文录入，与财会专业小键盘（数字）录入的结合并不紧密，因此小键盘录入训练对于财会专业学生的能力训练而言就显得尤为重要。

8.3.1 小键盘区简介

小键盘区，也称数字键区或者辅助键盘区，位于整个计算机键盘的右侧，主要用于数字集中录入，由阿拉伯数字键、运算符号键、数字锁定键“Num Lock”及回车键“Enter”共17个键组成（如图8-5所示）。

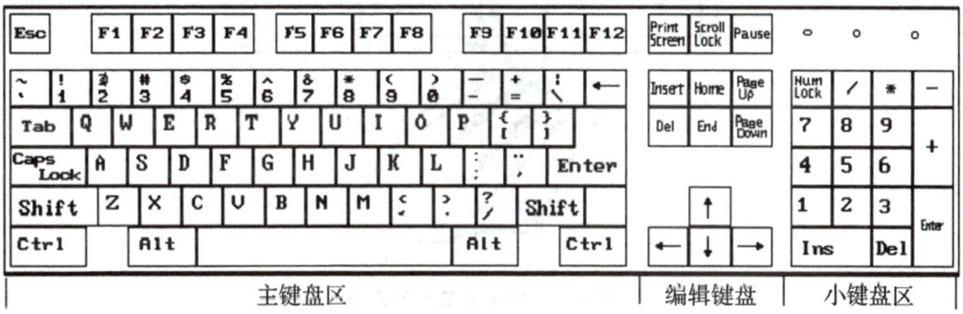

图8-5 计算机键盘的分区

数字小键盘区所有的键均具有双重功能：一是代表数字、小数点和运算符号；二是代表某种编辑功能。由“Num Lock”数字锁定键来实现两种功能之间的转换。“Num Lock”键具有开关功能，只对小键盘区的按键有效。按下该键，上方对应的指示灯亮，此时按小键盘区中的数字按键输入的是数字；再按一下该键，相应的指示灯熄灭，此时小键盘区中的按键执行的是相应的编辑功能。例如“1/End”键，当指示灯亮时，按该键输入数字“1”；当指示灯熄灭时，该键执行的是相应的编辑功能，即将光标移到光标所在行的行尾。又如“7/Home”键，当指示灯亮时，按该键输入数字“7”；当指示灯熄灭时，该键执行的是相应的编辑功能，即将光标移到光标所在行的行首。

8.3.2 小键盘录入的方法

1）小键盘录入的基准键与手指分工

正确使用小键盘，并不是用手指随意在键盘上击打，手指在键盘上的位置非常重要，为了提高敲击键盘的速度，通常将小键盘划分为几个区域，每个区域都由一个手指负责，分工明确。通常规定右手的拇指放在第一排的“0”键上，食指、中指、无名指和小指依次轻放于第三排的基准键“4”“5”“6”和“Enter”键上，其中“5”

键上有一个小凸起，是用来定位的（如图8-6所示）。

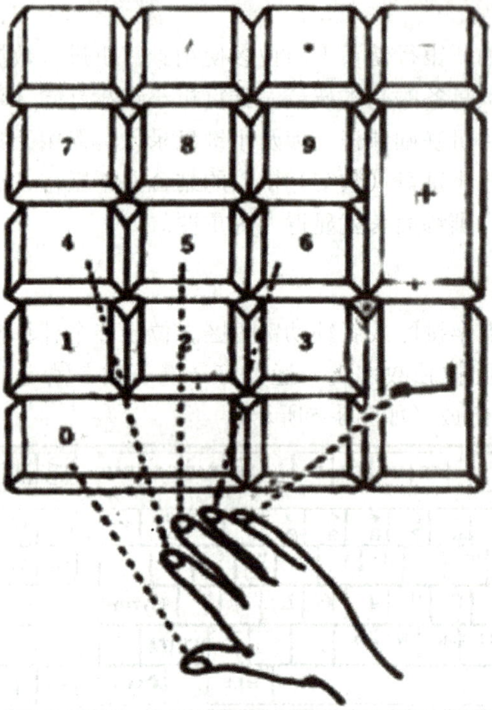

图8-6 指法分工及基准键

（1）右手食指：负责“Num Lock”“7”“4”“1”这四个键，一般是将食指放于基准键“4”上。

（2）右手中指：负责“/”“8”“5”“2”这四个键，一般是将中指放于基准键“5”上。

（3）右手无名指：负责“*”“9”“6”“3”“.”这五个键，一般是将无名指放于基准键“6”上。

（4）右手小指：负责“-”“+”“Enter”这三个键，一般是将小指放于基准键“Enter”上。

（5）右手拇指：负责“0”键，一般将拇指放在基准键“0”上。

2）击键的指法

在录入时，手指应轻轻放在相应的基准键上，手指自然弯曲拱起。食指、中指、无名指和小指是以手指的指端轻轻快速地往下击打键盘，而拇指则是以指端左侧面轻轻快速地往下击打键盘。手指击键要有弹性，击键后应该立刻回位，击键动作应快速而果断。录入要有节奏，每字一拍，不论快打、慢打都要合拍，不能时快时慢、时轻时重。初学者应特别重视指法的正确性，在指法正确和保持节奏的前提下，再加快速度。应该注意的是，击键时，发力的部位是指关节而不是手腕。

3）正确的姿势

击键时要注意身体的坐姿和手的姿势。录入工作的进行往往需要操作者久坐，如果坐姿不正确，操作者很快就会感到疲劳，从而影响工作效率。手的姿势不对，也会影响工作效率。正确的操作姿势如下：

（1）面向电脑坐在椅子上时，腰要挺直，两肩放松，手自然地放松，上臂和前臂成垂直的状态，身体稍向前倾，与键盘的距离保持在20厘米左右。双脚自然踏地，切勿悬空，大腿自然平直，小腿与大腿之间近似90°放置。

（2）椅子高度与电脑键盘、显示器的放置高度要协调；显示器的高度以操作者坐下后，其目光水平线处于显示屏幕的2/3处为佳，打字时眼睛不要离显示器太近。

（3）键盘放置于桌面上并略微向右摆放，以右手刚好放在小键盘上为宜。左手放在键盘的左外侧或放在左腿上。在实际工作中，左手多用于翻阅录入材料，因此在小键盘录入过程中左手是绝对不能参与任何操作动作的。

（4）录入时，眼睛不要看键盘而要看着屏幕，看键入的数字是否正确，要用心去感觉各个键之间的距离，找准手在键盘上移动的幅度。

（5）击键时，手腕要平直，手臂保持静止。录入时，必须通过手掌在键盘上的上下移动用手指去击键而不是通过手指的伸屈去按键。

（6）录入时需注意右手的姿势。一个手指在击键时，另外几个手指不要翘起来，特别是小指不要翘“兰花指”；要防止大拇指误击到方向键后光标自动移动而造成录入错误。

8.3.3 计算机小键盘录入技能训练

掌握快速、准确的小键盘录入，可以为今后的收银、传票录入、票证与卡号录入快速上手打好基础，同时对于提高财会专业学生的职业技能也至关重要。

在进行小键盘录入训练时，需要准备一套完善的小键盘录入练习和测试软件系统。目前，可提供的小键盘练习的软件很多，财会类院校常采用翰林提平板电脑（Pad）进行小键盘录入的练习和测试。

8.4 岗课赛证融通要求及思路

8.4.1 岗、赛、证基本要求

为满足岗位需求，真正促进就业，“岗课赛证”融通的教学理念在中职教育中发挥着越来越重要的作用。以下是收银实务课程相关岗、赛、证的基本要求。

收银员岗位职责通常包含了从准备工作到工作结束交接的整个流程，要求从业者操作熟练，灵活处理突发状况，并注重岗位礼仪。

参看各省中职学校财经技能竞赛规程，其中的收银赛项通常包含收银流程操作、收银机小键盘录入两个项目（见附录），收银流程操作要求从输入工号和密码开始，完成商品条码输入、收款结算直到退出系统整个商品销售结算的操作流程；小键盘录入操作要求使用收银机小键盘输入商品条码，并打印出销售小票。两个项目中均包含了对岗位礼仪的考查。

收银员资格证作为很多用人单位所要求的上岗证，考查的内容也是从准备工作到工作结束交接的整个流程。

可见，收银员岗位、收银技能竞赛、收银员资格证注重的都是学生对收银基本理论知识的掌握程度，对收银机基本操作流程的熟悉和熟练程度，以及是否掌握相应的岗位礼仪。

8.4.2 岗课赛证融通思路

参考以上岗、赛、证的基本要求，结合现在的收银发展趋势，在课程学习中应从着重以下几方面入手：

（1）理解并掌握收银机工作基本原理，掌握收银机（包含小键盘）操作的基本知识，熟悉特殊按键功能，理解商品条形码基本结构及构成，掌握自助收银机的基本工作原理及流程等收银知识。

（2）熟练掌握收银机基本操作流程，熟练运用小键盘并掌握盲打技能，能快速处理收银机常见故障，熟练操作计算器，能熟练指导顾客进行自助收银。

（3）热爱收银工作，增强职业认同感、荣誉感与获得感，在实习实训及岗位工作中自觉践行社会主义核心价值观，注重收银礼仪，遵守岗位职业道德。

知识回顾

1. 中国最早的计算工具是________，又称为________。多用________、________及________材料制成。

2. 17世纪西方国家计算工具有了较大的发展，________国发明了第一部能做加减计算的机械式计算器，________年________公司生产出世界第一台商用计算器。

3. 计算器指法的基本键为________、________、________三个键位，对应的是________指、________指和________指。

4.在计算器的常用键符中，C代表________，CE代表________，MU代表________。

5.在计算器的显示屏上出现M代表________，出现E代表________，出现GT代表________。

6.计算机数字小键盘区的所有键均具有双重功能，一是代表________、________和________，二是代表________，由________键来实现两种功能的转换。

知识应用

一、训练目标

1.通过训练，能熟练掌握计算器或计算机小键盘的指法分工。

2.录入数据时，能够只看数据、少看或不看计算器键盘或计算机小键盘，实现“盲打”。

二、训练内容

1.指法分工练习

（1）竖式练习——敲打147、258、369。

① 食指练习1、4、7键。147+147+147+……+147连加10次再连减10次最后归零。

② 中指练习2、5、8键。258+258+258+……+258连加10次再连减10次最后归零。

③ 无名指练习3、6、9键。369+369+369+……+369连加10次再连减10次最后归零。

④ 147 258 369+147 258 369+……+147 258 369连加10次再连减10次最后归零。

（2）横排练习——敲打123、456、789。

① 食指练习1键、中指练习2键、无名指练习3键。

② 食指练习4键、中指练习5键、无名指练习6键。

③ 食指练习7键、中指练习8键、无名指练习9键。

④ 123 456 789+123 456 789+……+123 456 789连加10次再连减10次最后归零。

（3）综合练习——敲打159、357、13 579、24 680。

①159指法：食指练习1键、中指练习5键、无名指练习9键。

159+159+……+159连加10次再连减10次。

②357指法：无名指练习3键、中指练习5键、食指练习7键。

357+357+……+357连加10次再连减10次。

③13 579指法：食指练习1键、无名指练习3键、中指练习5键、食指练习7键、无名指练习9键。

13 579+13 579+……+13 579连加10次再连减10次。

④24 680指法：中指练习2键、食指练习4键、无名指练习6键、中指练习8键、

大拇指练习0键。

24 680+24 680+……+24 680连加10次再连减10次。

2.加、减、乘、除法练习

(1)加、减法练习题(一)

456+14=	146−89=	301+274=
1 952−764=	102+63=	4 608+36=
271−139=	1 596−238=	796+2 473=
2 903−627=	69+2 340=	1 548−43=
149+439=	37 805−3 976=	46 980−9 845=

(2)加、减法练习题(二)

4 325+5 162=	61 725+83.051=
456.80+755.30=	78.96+343.25=
429.88+893.37=	8 402+1 576=
7 459+83 953=	89 873+33 449=
476.12+21.85=	89 673+32 548=
62.78+759.43=	260.13+12.56=
210.87+258.12=	5.14+74.60=
7 231+51 608=	62 213+15 260=
5 294+53 805=	6 757+7 667=
925.41−638.59=	624.13−395.84=
73 221−49 387=	84 321−75 498=
143.42−87.96=	744.21−398.76=
612.34−467.79=	52 314−26 867=
824.31−379.86=	542.43−396.87=
614.23−269.78=	84 132−49 687=

(3)乘、除法练习题(保留两位小数)

729×24=	65×159=	37×691=
107×35=	0.414×8.01=	24×423=
0.82×0.8784=	359×503=	568×72=
6 013×96=	4 869×97=	416×89=
7 296×18=	85.92×1.6=	56×6 293=
682×1 536=	579×187=	8 162×91=
916×473=	0.058×908.6=	25 122÷106=
1.1113÷8.75=	54 080÷64=	97 614÷493=
13 064÷23=	3.1385÷7.42=	202 188÷581=
33 337÷37=	142 509÷201=	60 702÷906=

50 866÷877= 4 464÷48= 135÷65=
8 170÷95= 966÷14= 10 152÷72=
21 042÷501= 23.51÷63= 18 330÷26=
9 888÷309=

（4）四则混合运算（保留两位小数）

591−243+207= 52×34+625=
3 815÷35−27= 32×59−1 034=
8 004÷92+76= 8 027−7 570−84=
783+56×21= 57+272÷17=
94+184×3= 5.8×（3.87−0.13）+4.2×3.74=
812−700÷（9+31×11）= 85+14×（14+208÷26）=
120−36×4÷18+35= （58+37）÷（64−9×5）=
（6.8−6.8×0.55）÷8.5= 0.12×4.8÷0.12×4.8=
7.2÷0.8−1.2×5= 32.52−（6+9.728÷3.2）=
6.5×（4.8−1.2×4）=

（5）计时完成账表算1至账表算4（每表限时15分钟，要求轧平）

账表算1

序号	一	二	三	四	五	六	七	合计
1	25.17	68.09	36.47	37.08	32.07	18.46	92.84	
2	3.64	52.71	90.28	92.51	45.29	750.29	60.71	
3	80.91	39.46	15.63	4.96	601.48	31.85	45.38	
4	35.72	81.52	48.09	270.84	96.53	69.37	26.97	
5	496.08	47.03	72.51	15.36	17.26	2.04	51.03	
6	14.85	625.18	69.37	29.65	8.14	83.51	8.42	
7	37.20	70.36	4.85	48.73	73.90	27.60	73.16	
8	69.53	14.95	20.14	51.02	21.85	94.13	90.54	
9	48.17	8.07	513.72	63.14	57.38	75.92	817.20	
10	92.60	92.43	96.08	87.90	64.09	48.06	35.69	
合计								

账表算2

序号	一	二	三	四	五	六	七	合计
1	28 904.53	6 319.48	4 703.85	91.54	2 901.43	4 821.05	3 502.49	
2	6 179.32	7 091.36	3 927.61	4 283.07	82.94	19 046.73	8 019.72	
3	186.45	4 850.93	8 074.36	7 465.21	5 073.62	8 573.26	26 473.85	
4	2 490.61	62.75	26 185.09	2 780.39	8 140.57	1 490.17	1 860.54	
5	4 857.296	20 736.59	90.43	9 136.48	1 607.29	5 914.82	4 215.68	
6	5 968.73	6 147.02	1 457.82	60 248.15	3 596.48	2 607.39	9 136.02	
7	7 519.80	2 485.21	5 209.61	5 637.90	17 852.36	3 871.45	43 917.25	
8	2.04	1 358.70	9 864.15	1 804.72	4 165.70	60 325.98	6 509.17	
9	3 671.38	8 907.46	2 378.40	27 869.53	9 314.85	62.50	7 843.90	
10	10 345.72	19 423.58	13 925.67	6 053.19	60 278.93	4 639.87	87.63	
合计								

账表算3

序号	一	二	三	四	五	六	七	合计
1	1 390.62	80 594.21	926 751.04	54 169.07	9 281.07	86 421.07	6 871.43	
2	27 039.51	5 710.84	45 806.71	6 270.91	527 063.19	7 213.56	41 903.28	
3	518 237.40	956 827.10	371 685.12	238 641.75	38 197.05	83 192.70	8 627 190.04	
4	47 698.13	17 083.92	7 592.63	59 368.12	16 382.40	2 358.19	34 092.51	
5	8 413.26	1 345.68	418 367.05	913 487.06	5 496.38	764 539.21	5 204.79	
6	620 789.54	462 071.53	12 403.59	40 752.83	214 905.83	90 874.25	953 468.12	
7	4 617.95	28 439.67	3 978.06	7 516.28	63 578.94	618 790.34	9 376.85	
8	49 865.30	4 908.36	31 624.98	921 803.64	72 834.56	5 607.43	20 145.67	
9	256 041.78	703 456.29	2 089.47	38 025.49	1 640.72	301 965.48	18 657.30	
10	30 572.89	39 261.75	24 590.83	7 934.50	240 759.61	49 056.82	327 580.96	
合计								

账表算4

序号	一	二	三	四	五	合计
1	8 103	46 175 039	89 247	205 346	2 516 897	
2	356 420	1 256 897	14 507 369	87 492	3 810	
3	49 728	436 520	8 301	1 789 265	75 906 314	
4	71 953 604	29 478	8 615 279	1 803	−320 456	
5	5 129 876	8 031	234 056	74 063 591	78 942	
6	12 997	792 840	1 836	3 845 604	67 312 505	
7	1 386	50 365 127	79 912	−907 248	8 340 456	
8	56 327 150	99 217	3 684 405	1 368	497 280	
9	4 064 835	1 863	780 294	15 506 732	29 971	
10	784 209	5 468 403	56 015 237	92 791	8 361	
11	1 479 453	5 681	927 503	86 271 043	28 609	
12	80 692	257 590	5 816	5 344 719	61 048 732	
13	8 156	83 427 016	82 960	320 795	5 419 743	
14	74 821 603	68 920	7 534 491	1 856	725 903	
15	507 392	4 973 451	84 713 032	20 869	1 865	
16	80 156	536 198	7 402	4 769 523	73 904 218	
17	78 329 401	50 861	5 396 427	2 047	185 693	
18	7 259 634	4 072	896 315	87 301 492	81 065	
19	7 042	90 410 723	86 150	983 156	−3 642 597	
20	198 563	2 957 634	34 701 829	61 805	2 074	
合计						

三、训练方法

在训练指法分工、进行加、减、乘、除法练习及账表算时，采用定时训练与定量训练法进行反复训练。训练初期着重练习准确率，在取得较高准确率的基础上进行速度的训练。

四、训练要求

1. 训练时要按计算器和计算机小键盘的指法要求进行操作；为了取得良好的训练

结果，还要注意算具和计算资料的放置及操作人员的坐姿。计算器和计算机小键盘放置要平稳，操作人员坐姿要自然、舒适，这样才能取得事半功倍的效果。

2. 按键时用力要轻重适度，动作幅度不要太大，手指尽量贴在键面上，不要久按一个键不放。

3. 在训练初期，做到左看数据、右看键盘（即“左顾右看”）；训练后期要尽量只看数据，少看或不看键盘，实现“盲打”。

五、考核与评价建议

考核时可采用循序渐进的三级目标考核方式：

1. 指法考核。在练习初期注重指法的准确性，速度不必列入主要考核内容。指法分工练习就可以用此种方法考核。

2. 正确率考核。在掌握正确指法的基础上，以完成题目的准确率为主要考核内容。

3. 速度考核。在保证正确率的同时，注重完成题目的时间。

在指法正确的基础上再强调正确率，在取得较高正确率的基础上再强调速度，这就是循序渐进的三级目标考核方式。

主要参考文献

[1] 罗荷英，李薇. 计算技术与点钞 [M]. 4版. 大连：东北财经大学出版社，2019.

[2] 穆亚萍，任瑞丽. 收银与纳税岗位实训 [M]. 北京：科学出版社，2011.

[3] 雷玉华. 银行柜员基本技能实训 [M]. 北京：人民邮电出版社，2011.

[4] 索晓辉. 看图学出纳 [M]. 广州：广东经济出版社，2011.

[5]《现代超市求职/上岗指南》编委会. 如何做好收银员 [M]. 广州：广东经济出版社，2011.

[6] 徐歆. 收银操作技术 [M]. 北京：机械工业出版社，2010.

[7] 李永芬. 收银实务 [M]. 北京：中国财政经济出版社，2007.

[8] 中华人民共和国教育部. 中等职业学校专业教学标准（试行）财经商贸类（第一辑）[M]. 北京：高等教育出版社，2014.

[9] 刘琴. 收银员培训一本通 [M]. 北京：中国经济出版社，2014.

[10] 吴超，王万军. 收银实务 [M]. 北京：经济管理出版社，2015.

[11] 杨春，赵慧敏. 商场收银员岗位职业技能培训教程 [M]. 广州：广东经济出版社，2015.

[12] 王桂莲. 出纳实务 [M]. 大连：东北财经大学出版社，2014.

[13] 林迎春，张红玲. 点钞与计算 [M]. 大连：东北财经大学出版社，2015.

[14] 王玉玲. 点钞与账表算 [M]. 北京：高等教育出版社，2009.

[15] 陈雪松. 传票翻打技能训练实用教程 [M]. 北京：科学出版社，2015.

[16] 孙万军，郝黄达. 会计综合业务训练 [M]. 大连：东北财经大学出版社，2019.

[17] 李银兰. 现代礼仪 [M]. 大连：东北财经大学出版社，2019.

[18] 刘冉，宋丽丽，石磊鑫. 基于RFID的超市自助收银系统 [J]. 物联网技术，2017，7（10）.

[19] 崔中慧，尚宸光. 无人超市自助购物系统的可用性研究 [J]. 设计，2021，34（9）.

附录

某市中职财经技能竞赛收银赛项规程

一、竞赛项目

1. 收银流程操作

2. 收银机小键盘录入

以上项目均为个人参赛项目。

二、竞赛内容

1. 收银流程操作

从输入工号和密码开始，完成商品条码录入、收款结算直到退出系统整个商品销售结算的操作流程（含基本礼仪规范）。

2. 小键盘录入操作

使用收银机小键盘输入商品条码，并打印出销售小票。

三、竞赛规则

（一）收银流程操作

1.竞赛环境

硬件环境：收银台、POS收银机、条码扫描器等。

软件环境：商超商业管理软件 V11。

2.竞赛方法

采用定量限时的方法，商品定量（约30件），时间8分钟。

3.竞赛要求

模拟超市购物结算流程，每位参赛选手所接待的顾客购买的商品数量和种类完全一致，要求选手从输入工号和密码开始，进行商品条码录入、消磁、装袋、收款结算、结账直到退出系统，完成整个商品销售结算流程的操作。

4.竞赛流程

参赛选手先抽签确定竞赛小组和竞赛顺序，竞赛前抽取收银机号（内含工号和上岗密码），然后进入竞赛场地，准备竞赛。

（1）准备程序

① 选手按照抽取的收银机号找到自己的收银台，先对照竞赛用品清单，对组委会准备的竞赛用品进行核对，特别是备用金要当面点清，核对无误后，在清单上登记并签名。若有异议，举手示意，由工作人员解决。准备阶段不计时。可将备用金放在台面上，备用金袋及文具等要放在台面下的挡板里，这时不能操作机器。建议整理一下购物袋、检查扫描枪并理顺一下连线。检查完毕不能再有动作，此时举手示意进入

工作状态。

② 听到哨声后计时开始，选手即可按规定程序进入收银系统，输入工号“0001”和密码“1”开始登录，将备用金分类放入钱箱，准备营业。遇不知道输工号或弹钱箱的，如举手要帮忙的要扣分。分类放钱箱里时，左大钞右小钞，钱箱里纸币夹子用手要压下，不能没有下压动作直接关钱箱。

（2）操作程序

在这一阶段，选手要接待一位顾客，完成约30件商品的销售。选手接待顾客时，必须严格按照收银作业流程进行操作。

①迎宾：选手在迎接顾客时，应站姿端正，面带笑容，讲普通话，音量适中，语调轻快，对顾客说“您好，欢迎光临”（也可以使用其他欢迎语）。

②扫描商品：手持扫描枪逐一扫描商品，将商品信息输入收银机；商品扫描完毕，核对屏幕显示信息与顾客选购的商品是否一致。扫描商品时，如遇扫描失败，可改用手工录入。扫描距离应在一指左右，倾斜45度角扫描。不能贴在商品上扫，要扫条码部分非数字部分。

③商品消磁：扫描商品的同时，对商品进行消磁处理。消磁时要将商品在消磁板上翻转180度彻底消磁。要有正反面消磁动作。

④商品装袋：征求并建议顾客分类装袋，告知顾客，袋子收费，大号袋0.3元，中号袋0.2元，小号袋0.1元。商品装袋时要按照装袋的原则与标准分类装入相应的购物袋中。未询问是否要袋、未告知袋子价格、食品与日用品未分开装袋扣分。袋子上条码扫不上的可改手工输入条码。

⑤唱收现金：按“结算”键，查看收银机显示的销售金额，告知顾客“您共购买××件商品，共计消费××元”。

顾客以现金付款，应点清钱款，确认金额，并检查是否有伪钞，检查伪钞动作要明显。双手持钞高举透光检查正反面。然后对顾客唱收“共收您××元”。

⑥唱付找零：输入实收金额，回车，显示找零金额；打开钱箱，放入整钞找出零钱，压下钱箱夹，关闭钱箱，打印收银小票；双手将零钱、小票一同交给顾客。要求发票在下，纸币在上，大额面值在下，小额面值在上。同时对顾客唱付“找您××元，请拿好小票”。

⑦送宾：顾客转身离去的同时，主动向顾客表示谢意，如“感谢光临”“欢迎您再次光临”等。最后回收购物篮，放在收银台下，篮子不能乱放在台面上。

⑧结账：首先打开钱箱，拿出备用金、营业款，关闭钱箱。然后把备用金、营业款清点好，分别装入备用金和营业款袋中。按“*”键打印当天报表，填写好“现金交款单”，并将报表和现金交款单一起装入营业款袋中。最后退出销售系统。退回到初始界面，一般是登录工号的界面，不能退到Windows桌面或关机。操作完毕后举手示意，结束计时。

5.说明

（1）方案中提供的服务用语只是举例。

（2）收银流程操作步骤的顺序可根据需要调整，但要合理，且不能省略环节。

（3）按“*”键打印当天报表时，只要能打印并正确输入交款金额即可（因为选手都用0001登录，机器统计金额会大于当次交款金额）。

（4）机打小票应该是两种，分别是收款明细小票和交班清款班结小票。收款小票上内容应该连续、完整，遇商品明细中出现交班单内容（扫描过程中误按*号了）扣分，遇挂单、整单删除不能自行修正的该栏无分，遇数量非1个的扣分。遇商品掉地下的，未双手将购物袋交到顾客手上的扣分。

（5）仪容仪表一项，不能穿校服、不穿高跟鞋、头发要盘起。

（6）如遇用到计算器的，清款时要用计算器。

（二）小键盘录入操作

1.竞赛环境

硬件环境：收银台、POS收银机。

软件环境：商超商业管理软件V11。

2.竞赛方法

采用定时不定量的方式，准备时间与竞赛时间各为3分钟。

3.竞赛要求

组委会为每位参赛选手提供足量的商品，选手用3分钟时间完成准备工作，再用3分钟时间将商品条码手工输入收银机中。

4.竞赛流程

（1）抽签：参赛选手抽签确定竞赛顺序及收银机编号。

（2）准备：选手按照抽取的收银机编号找到自己的收银台，打开收银机，输入工号“0001”和密码“1”，登录成功后举手示意。准备时间3分钟，选手可以整理和熟悉商品。准备阶段结束时，摆放商品或未来得及整理的商品不能留在凹槽内，不能手持商品，不能放在收银机或小收银台面上。

（3）竞赛：时间为3分钟。选手听到哨声后即可开始手工录入商品条码。竞赛结束前10秒钟，裁判员倒计时以提醒选手竞赛时间。选手在听到结束哨声时立即停止操作，退后一步，由裁判员负责按“结算键”，打印销售清单。按录入正确的商品件数计分。

5.说明

所有种类的商品数量均为1件，如录入错误的，允许执行“删除单行”方式修正，由此延误时间自负。遇挂单、删除单行或整单的，以有效打印出的数量为准，自行更正找回的不扣分。遇手误引起的关机、重启、数字键不能输入、光标不在输入状态、进入专柜方式等错误状态的，自行更正的不扣分但延误时间自负。

选手要将已录条码商品放到收银台的已售商品区（凹槽处），否则该商品不计数量。当凹槽内商品过多可能会掉到地下时，场内扮演顾客的服务人员应及时协助放入购物篮中。裁判员负责逐个核对已录商品和打印小票上的商品是否一致，重复录入或小票上面没有的商品均不计数量，应视情况扣分，如：

商品摆放准备期间，是否允许商品摆在收款机上或拿在手上？

选手动作幅度过大导致商品经常掉地下的，该商品是否有效？是否扣分？

放入备用金关闭钱箱之前，应该有下压钱箱纸夹的动作。(如不压下纸夹直接关钱箱，可能会导致夹子仍在张开状态而导致下次打不开钱箱)

出现操作失误时选手可自行解决，解决不了举手由技术人员解决。非设备故障的，每次扣X分。

四、成绩评定

1.参赛选手的成绩评定由大赛组委会负责。

2.参赛选手的成绩，由裁判员根据现场操作规范和评分标准，依据现场裁判员的赛场记录，由现场裁判组集体评判，统一进行公正、客观的评判和计分。

3.收银项目总分为100分，其中收银流程操作占60%，小键盘录入操作占40%。两个小项的成绩合并为每位选手的竞赛成绩。

(1) 收银流程操作竞赛，以收银操作规范为标准计分，成绩相同时，用时短者成绩优先。超过规定时间者，每超一秒扣0.1分。此项目满分为100分，每位选手的成绩按60%折合后计入总分。

(2) 小键盘录入操作竞赛，以有效录入数量最多者为第一名，成绩计为100分。其他选手的成绩按其实际有效录入的数量与第一名数量的比值计算成绩。每位选手的成绩按40%折合后计入总分。